Droits culturels
et lutte contre les discriminations

LES CAHIERS DE LA LCD

Lutte Contre les Discriminations

Les Cahiers de la LCD – Lutte contre les Discriminations – sont une nouvelle revue dans le paysage universitaire français. Elle s'inscrit à l'intersection d'un double constat ; celui de l'actualité politique et scientifique et d'un manque d'outils permettant à la fois de poser les termes du débat ans l'espace public et de nourrir l'action.

L'enjeu est alors de produire et de diffuser des savoirs académiques et opérationnels afin de lutter contre les discours fantasmatiques qui touchent particulièrement les publics discriminés et/ou discriminables. La revue s'affiche clairement comme outil de prévention, au croisement des questions universitaires, politiques et associatives.

L'ambition assumée de cette revue est à la fois de prévenir, traiter et lutter contre toutes les discriminations de manière multidisciplinaire et interpartenariale.

Johanna Dagorn et Arnaud Alessandrin
Codirecteurs de la revue

Sous la direction de
Arnaud Alessandrin et Johanna Dagorn

Droits culturels et lutte contre les discriminations

LES CAHIERS DE LA LCD
LUTTE CONTRE LES DISCRIMINATIONS

Hors-série n° 1

L'Harmattan

5-7, rue de l'Ecole-Polytechnique, 75005 Paris

www.editions-harmattan.fr

ISBN : 978-2-343-13991-3
EAN : 9782343139913

REMERCIEMENTS

Que soient remerciés l'ensemble des contributrices et des contributeurs de ce numéro, ainsi que les évaluatrices et évaluateurs des différents textes. *Les Cahiers de la LCD* remercient tout particulièrement Corinne Bord pour ce numéro sur les droits culturels et la lutte contre les discriminations. Ce numéro est une nouvelle fois l'occasion de souligner l'importance des partenaires dans cette aventure : les éditions l'Harmattan, le CGET, les villes de Paris, de Limoges et de Bordeaux et le LACES –Laboratoire Cultures Éducation Sociétés – de l'Université de Bordeaux qui accueille la revue. Que soient enfin remerciés les partenaires récents comme la librairie Mollat ou les revues *Plurielles*.

SOMMAIRE

Introduction : Pourquoi aujourd'hui, la politique de la ville se mobilise-t-elle en faveur de la notion de droits culturels ?

Corinne BORD[1]

La politique de la ville fête ses quarante ans. Si beaucoup a déjà été fait, les choses ne changent pas complètement dans les quartiers prioritaires pour ses habitants.

Le président de la République a appelé à une « *mobilisation nationale pour les villes et les quartiers* », de l'État, des collectivités territoriales, des entreprises, des acteurs associatifs et des habitants.

Sa volonté était claire, ne pas présenter un énième plan pour la ville, mais « *une vision et une détermination : ce sont toutes les politiques publiques qui doivent contribuer à l'émancipation des quartiers et de leurs habitants.* »[2]

Guidé par ce volontarisme, nous avons voulu aborder la notion de droits culturels comme un élément constitutif de cette vision pour les habitants des quartiers prioritaires. Formalisés dans l'article 5 de la déclaration universelle de l'UNECO sur la diversité culturelle adoptée en 2001, les droits culturels sont une responsabilité partagée de l'État et des collectivités territoriales. La loi NOTRe du 7 août 2015 leur a confié cette responsabilité partagée. Dès lors, la puissance publique se voit investie d'une mission : préserver et garantir, pour chaque citoyen,« *sa liberté de vivre et son identité culturelle* ».

---

[1] Corinne Bord est cheffe de Bureau de Lutte Contre les Discriminations au CGET.

[2] Discours prononcé par Emmanuel Macron, le 14 novembre 2017, lors de son déplacement à Roubaix et Tourcoing.

Évoquer la diversité culturelle et les droits culturels, c'est assumer la pluralité des identités, des imaginaires, des mémoires, des patrimoines, des mots et des expressions qui existent et qui font la France. C'est à la fois questionner l'universalité de notre société et éprouver sa capacité à assumer et à faire vivre l'altérité en son sein.

L'approche portée par la politique de la ville, qui cherche à allier singularité et universel, s'inscrit dans les mots d'Aimé Césaire lorsqu'il précisait : « *Chez moi, il n'y a jamais d'emprisonnement d'une identité. L'identité est enracinement. Mais c'est aussi passage. Passage universel.* »[3]

Ce numéro des *Cahiers de la LCD* présente des points de vue, des regards et des engagements différents. Les positions prises ici appartiennent à leurs auteurs.

1. La politique de la ville creuset de la diversité culturelle…

La nouvelle géographie prioritaire de la politique de la ville a placé l'habitant des quartiers au cœur de sa définition,plutôt que la forme urbaine, ou sa localisation, en s'attachant plus particulièrement à son niveau de vie (le revenu des habitants). La volonté est constante : « concentrer des moyens dans des zones qui en ont vraiment besoin » afin de placer la lutte contre les inégalités au cœur de son action.

En effet les habitants des quartiers prioritaires de la politique de la ville vivent des conditions dégradées en matière de revenus, d'accès aux services publics, de transports, d'accès à la culture. Un habitant sur quatre est au chômage lorsque pour le reste de la France c'est un sur dix. Un quart des familles sont monoparentales dans les quartiers prioritaires, contre 16% dans les unités urbaines auxquelles ils appartiennent.

Les quartiers prioritaires se caractérisent aussi par une population dont la diversité est plus présente. Près de 19% des habitants sont étrangers

---

[3] « Entretien », *Le Courrier de l'UNESCO,* 1997.

et 24% des habitants des ex ZUS étaient des populations immigrées[4]. Cette diversité les expose à la fois à plus de discriminations, mais aussi à une ouverture aux autres plus importante.

La diversité culturelle est leur quotidien, il est essentiel qu'elle soit une force plus qu'une entrave.

2. Comment appréhender la notion de Culture ?

L'utilisation du mot culture s'entend dans des acceptions différentes. Toutes allient les modes d'expression mobilisant la création, l'artistique, le beau, ainsi que des traditions et des symboles. Autant d'éléments qui participent à la constitution d'une identité, d'une histoire commune, d'un destin partagé.

La culture, c'est ce qui fait sens commun, qui définit intrinsèquement une communauté de destin qui s'ouvre au monde. Comme le souligne à juste titre Karine Gloanec-Maurin dans son texte, la culture, c'est la pluralité, la démocratie et le fondement même du pacte républicain.

Reconnaître l'égale dignité de toutes les cultures, de l'ensemble de leurs modalités d'expression, qu'elles soient artistiques ou culturelles, savantes ou populaires, proches ou lointaines, telle est l'ambition de la politique de la ville lorsqu'elle investit la notion des droits culturels.

Dès les premiers pas de la politique de la ville, le ministère de la Culture a été un partenaire. Promoteur d'une véritable politique de démocratisation culturelle, l'ambition était alors de garantir à tous un égal accès à la culture tout au long de la vie, en particulier pour les populations et les territoires qui en sont les plus éloignés pour des raisons géographiques, économiques ou sociales.

Agir en direction des habitants des quartiers prioritaires, encourager le déploiement d'équipements culturels, promouvoir la découverte des musées et des collections, favoriser l'accès aux lieux de culture a

[4] Définition selon l'INSEE – « *Population immigrée : population née à l'étranger de nationalité étrangère et résidant en France.* »

composé le premier volet de l'intervention culturelle dans les quartiers populaires.

Peu à peu, des expériences de démocratie culturelle se sont créées avec l'objectif de renforcer et de développer la pratique artistique, mais aussi d'encourager l'émergence de nouvelles pratiques culturelles à partir des expériences vécues dans les quartiers populaires. Trop souvent, ces deux politiques publiques ont été opposées alors qu'elles se nourrissent mutuellement. « *Les droits culturels permettent de façon transversale le déploiement de la démocratie culturelle et n'impliquent en rien de renoncer aux autres politiques culturelles. Au contraire, ils offrent l'opportunité d'en repenser l'évolution et la mise en œuvre.* »[5]

3. La politique de la ville, précurseur de la co-construction de l'action publique territorialisée

Si la participation fait désormais partie des impératifs de l'action publique, la politique de la ville, était dès sa création, le fruit de la mobilisation concertée des acteurs locaux : associations, élus locaux, État.

Promoteur d'une émancipation individuelle et collective des habitants des quartiers, elle s'est ainsi singularisée tout au long des quarante dernières années par sa volonté de mise en œuvre d'une action co-construite, contractualisée, partagée. Elle n'a jamais cessé de promouvoir et défendre l'intervention et l'expertise des acteurs locaux, associatifs, citoyens.

La participation des habitants a pris tout son essor lors de la création des conseils citoyens avec la volonté affirmée du législateur de permettre à l'ensemble des composantes de la population d'un territoire, dans toute sa diversité, de prendre la parole. Ainsi il a été privilégié un tirage au sort sur des listes plus larges que la liste électorale, permettant la participation des habitants « non-

[5] L'avis du CESE sur la démocratie culturelle rédigé par Marie Claire Martel, p. 8.

communautaires », et favorisant dès lors la représentation la plus diverse.

4. Promouvoir la culture de chacun, pour tous, partout et par tous

L'action de la politique de la ville au quotidien s'articule autour de deux piliers majeurs : promouvoir l'accès à la culture comme outil d'émancipation et créer les conditions d'une société inclusive.

Une étude réalisée par l'Ifop pour le think-tank Valeur(s) Cultures en mars 2017 souligne combien le niveau de diplôme et l'appartenance sociale sont des valeurs discriminantes dans l'appréciation de l'importance de la culture. Cette étude précise en outre que pour un tiers des Français, l'accès à la culture est difficile. Cette perception concerne 45% des habitants issus des classes populaires et modestes, majoritaires dans les quartiers prioritaires de la politique de la ville. Le constat est sans appel, les déterminants sociaux restent très prégnants dans la structuration des pratiques culturelles : 88% des ouvriers déclarent ne pas être allés au théâtre au cours des douze derniers mois contre 59% des cadres.

Ce constat plaide pour une action systématique en direction des plus jeunes. Il n'y a pas plus désarmant que de constater qu'encore trop d'habitants, quel que soit leur âge, considèrent la culture comme quelque chose d'étranger, une pratique, une activité qui n'est pas légitime pour eux.

N'y a-t-il pas de plus belle mission que celle de rendre à la culture son statut d'évidence ?

La politique de la ville soutient fortement des actions d'éducation artistique et culturelle : découverte de la musique, du travail de l'image, du cinéma, du patrimoine notamment. Les projets sont multiples, mais les résistances aussi, et sont encore puissantes.

De même, raisonner en parcours d'émancipation, c'est aussi permettre à ceux qui en expriment l'envie et qui en ont le talent de continuer, de mener un cursus, de faire carrière. Là encore, la puissance des réseaux et de l'entre-soi est un frein, et peut conduire au découragement.

La mobilisation des acteurs de la culture s'avère cruciale pour ouvrir les portes, permettre les rencontres, les programmations dans les salles et scènes conventionnées. L'implication de chaque établissement dans la création de parcours de découverte et/ou de médiation pour rendre accessibles les œuvres est une des clefs de la réussite :

- notre rôle est de proposer des voies, de trouver des itinéraires, comme ceux ayant permis à Houda Benyamina de présenter son premier long-métrage, qui a obtenu 3 césars en 2017, et de créer l'association 1 000 visages. Grâce à cette association, elle a permis à nombre de jeunes de découvrir, de voir et de s'initier aux métiers du cinéma, pour ceux qui s'en interdisaient même le rêve ;
- notre rôle est d'encourager l'émergence de créations et de professionnels issus des quartiers prioritaires, à l'image de la compagnie Mémoires vives, portée par Yan Gilg, créateur et chorégraphe ;
- notre rôle, enfin, est de soutenir et de promouvoir les créations et les pratiques culturelles issues des quartiers urbains, à l'image de Mourad Merzouki, chorégraphe de danse issue de la pratique urbaine, directeur de centre chorégraphique de Créteil, qui, venant de Saint-Priest, a su faire rayonner et évoluer le mouvement hip-hop.

5. Créer les conditions d'une société inclusive, c'est porter la diversité comme une richesse collective

Créer et construire un imaginaire collectif, où l'ensemble de la société peut se projeter, trouver sa place et son rôle, dans le respect de l'identité de chacun, est une utopie qui se doit d'être réaliste et le ciment de la cohésion sociale.

À la suite des révoltes de 2005, la politique de la ville a initié, en lien avec les acteurs de la culture, des initiatives volontaristes pour promouvoir la représentation de tous :

- la création du fonds image de la diversité, coanimé par le CGET et le CNC, qui a permis le soutien de plus de 1 000 films ;

- la promotion de la diversité dans les médias, notamment par l'appui à de nombreuses master class et préparations pour les écoles de journalisme, à l'image de la Chance aux concours ;
- le soutien et le développement de médias de proximité, de médias citoyens, qui offrent des points de vue différents sur les quartiers, leurs habitants et qui abordent aussi, avec leur regard singulier, l'actualité, à l'image du Bondy Blog, d'Ici et d'ailleurs ou encore de La Télé libre.

Enfin, le travail réalisé sur le champ de l'histoire des quartiers et de la mémoire des habitants se donne comme ambition de rendre visible l'histoire urbaine et sociale des territoires et la mémoire de ceux qui y vivent, quels que soient leur parcours et leur trajectoire de vie. Il révèle dans les quartiers de la politique de la ville, le métissage des populations, la richesse des parcours et des cultures. Il permet de donner corps à la communauté locale, dans le respect des origines de chacun, avec la ferme volonté de partager une tranche de vie et de permettre une réelle inclusion dans la communauté nationale des populations.

Car« *la France n'est pas une identité figée ou fermée. Ce n'est pas une culture prédéfinie. (...)* », comme l'affirmait le candidat Emmanuel Macron à la présidence de la République, avant d'ajouter : « *Je célèbre la culture de la créolité dans la République, car il y a cette diversité. (...) Je veux qu'il y ait cette multitude, cette diversité, mais je ne veux pas de communautés (...) qui se vivent d'abord comme des communautés. Je veux qu'ils se sentent d'abord comme un peuple uni.* »[6]

6. Lutte contre les discriminations et droits culturels : théories et applications

Au total, ce premier hors-série des *Cahiers de la LCD* – Lutte Contre les Discriminations – aura deux ambitions conjointes. La première : celle de définir, selon plusieurs perspectives, ce que l'on entend par

[6] Déclaration d'Emmanuel Macron, candidat à la présidentielle, 5 mai 2017, *Médiapart*.

« droits culturels » et ce que l'on vise dans la dyade « droits culturels et lutte contre les discriminations ». Dans cette perspective, des lectures juridiques (Patrice Meyer-Bisch ou Pierre Bosset) croiseront des interprétations plus sociologiques (Françoise Liot ou Cécile Croce) et politiques (Karine Gloanec-Maurin). Ces regards cumulés, portés sur un même objet à définir, mettent en tension les principes de droit et les intentions institutionnelles avec leurs applications concrètes. Au-delà, ces textes indiquent simultanément un glissement majeur : celui qui se dessine dans le passage de la notion de démocratie et de la démocratisation culturelle, vers la notion de droits culturels, plus engageante.

Une seconde ambition de ce hors-série est de rendre compte des applications de terrain de cette notion. Pour cela, les directrices des *Cahiers de la LCD* ont invité plusieurs actrices et acteurs culturels afin d'éclairer, selon leurs pratiques et leurs expériences singulières, ce que revêt pour eux l'idée de droits culturels. Ce numéro propose alors aux lectrices et lecteurs un double entretien, avec David Bobée et Gerty Dambury, connu.e.s pour leurs mises en scène et leurs écrits, mais également pour leur collectif Décoloniser les arts qui s'est rapidement imposé dans les débats politiques et médiatiques. S'en suivent des retours d'expériences pluri-thématiques autour des expressions artistiques de proximité (avec la compagnie Deuxième groupe d'intervention), des pratiques artistiques dans des lieux fermés (avec l'artothèque de Pessac), du théâtre engagé (autour des activités du LaboThéâtre), ou de la constitution d'archives LGBTI (avec les archives de Montréal).

En donnant la parole aux actrices et acteurs de la lutte contre les discriminations dans le champ des pratiques artistiques, s'ouvre à nous un horizon d'enjeux qui déborde les thématiques segmentées de la lutte contre les discriminations : racismes, sexismes, exclusions, ségrégation. C'est d'avoir voulu embrasser toutes ces questions autour d'un même numéro qui donne à ce hors-série une coloration si particulière.

DOSSIER :
DÉFINIR LES DROITS CULTURELS

Analyse des discriminations multiples sous l'angle des droits culturels : qu'est-ce qu'une valorisation ?

Patrice MEYER-BISCH[1]

Introduction

Dénoncer les discriminations est nécessaire à condition d'en analyser les conditions de possibilité et d'impossibilité. Pour dénoncer efficacement, il faut avoir quelque chose à annoncer. Il ne suffit pas de condamner, encore faut-il aller assez loin dans l'analyse et la délégitimation des motifs de discrimination, l'objectif final étant de renforcer les capacités de prévention et de traitement. L'appel du respect des valeurs n'est pas suffisant.

Dans nos recherches sur l'indivisibilité des droits humains et notamment sur la fonction spécifique des droits culturels, nous avons consacré un programme intitulé « L'intersectionalité des violations des droits humains et les discriminations multiples »[2]. Nous y constatons que le respect et le développement des droits culturels sont en première ligne, au sein du système universel, indivisible et interdépendant des droits de l'homme. Après un résumé des résultats

[1] Patrice Meyer-Bisch est président de l'Observatoire de la diversité et des droits culturels, à l'université de Fribourg.

[2] Projet mené par l'Institut interdisciplinaire d'éthique et des droits de l'homme et le Département de droit public de l'Université de Fribourg en collaboration avec l'Académie de droit international humanitaire et des droits humains de Genève, soutenu par le Swiss Network for International Studies (2013-2015). La recherche a donné lieu aux publications indiquées en bibliographie. Nous réfléchissons actuellement à développer une nouvelle étape consacrée aux aspects positifs de prévention liés aux droits culturels.

de ces travaux, montrant les liens entre l'interdépendance des droits de l'homme et l'intersectionalité (1), puis un exposé rapide du rôle central et pourtant trop méconnu des droits culturels à toutes les intersections de violations des droits humains et de discriminations (2), je propose de développer brièvement le volet positif : comment passer d'une discrimination à une valorisation ? Plus précisément, comment défaire un entremêlement de motifs de discrimination au profit d'un ensemble de valeurs identifiées comme positives (l'âge, le genre, la peau, l'origine sociale ou culturelle, voire tel ou tel handicap) ? (3). En d'autres mots l'intersectionalité négative ne peut pas être déconstruite et donc combattue si on ne pose pas les bases d'une intersectionalité positive valorisant l'universalité de l'égale dignité par une diversité de ressources culturelles : chaque personne, et chaque groupe, se trouve légitimement à l'intersection de nombreuses vulnérabilités, qui sont autant de dynamiques de lien social et de reconnaissance. Il convient de défaire les discriminations par autant de valorisations.

1. L'interdépendance des droits de l'homme et l'intersectionalité

En droit positif, chaque droit de l'homme fait l'objet de protections spécifiques garanties par des dispositions distinctes au sein d'un même instrument juridique ou d'instruments différents. Contraint à la précision, le droit est compartimenté comme l'ensemble des institutions qui cloisonnent la société et tendent à disséquer les personnes et leurs problèmes. Nous savons assez bien distinguer, mais sommes bien moins aptes à appréhender les tissages complexes. Or, dans la réalité, les violations de droits de l'homme, comme tous les grands problèmes sociaux, se trouvent principalement aux croisements, à « l'intersection » entre différents aspects de la souffrance et de la honte qui paralysent. Chaque droit de l'homme protège une « vulnérabilité intime et sociale » au double sens du terme, force et faiblesse : expression, conscience, alimentation, soins, éducation, habitation…, toutes ces actions que protègent les droits humains sont des liens sociaux fondamentaux pour la dignité de chacun. Porter atteinte à une seule dimension de cette vulnérabilité peut être très grave, mais lorsque plusieurs sont touchées, il y a non seulement une addition de problèmes, mais une aggravation de chacun. Chaque violation affaiblit en effet les capacités de résistance aux autres atteintes. Les violations multiples des droits humains heurtent de front leur interdépendance.[3]

C'est encore plus net pour les discriminations, à savoir ces violations de droits humains qui s'en prennent directement à leur valeur commune : le principe d'égalité de droit (c'est-à-dire de reconnaissance dans les faits, par-delà les multiples différences). Les discriminations consistent à dénigrer une personne selon un motif dénoncé par la doctrine juridique internationale comme « interdit » dans la mesure où il porte atteinte à l'égalité de droit. Les violations du droit à l'égalité ajoutent un autre type de gravité : non seulement, chaque discrimination affaiblit les capacités de résistance aux autres atteintes comme pour les autres violations, mais elle affaiblit en outre les capacités de reconnaissance des personnes qui sont autour, voire de tout un milieu social. Quelqu'un qui est étiqueté comme « pauvre », se voit reprocher sa paresse, son inconscience ou sa duplicité, et donc le caractère inopérant des « aides » condescendantes. L'atteinte à la capacité des victimes (les « porteurs de droits ») se double d'une incapacité de celles et ceux qui sont en responsabilité (les « porteurs d'obligation »), de sorte que le cercle vicieux du manque de reconnaissance s'installe : les personnes méprisées se méprisent elles-mêmes et prennent l'attitude – soumise ou violente – des fautifs, paresseux, violents, indignes. La dignité ne peut se développer que dans la reconnaissance mutuelle.

Voici comment nous avons résumé l'état actuel de notre recherche : « *Toute violation des droits de l'homme humilie, surtout lorsqu'elle inclut des discriminations arbitraires, car elle prive le sujet d'une partie de ses capacités à ses propres yeux comme à ceux d'autrui. Lorsque les violations sont multiples, ce n'est en général pas qu'une addition : les effets de chaque violation s'aggravent mutuellement, un*

---

[3] L'interdépendance des droits humains – officiellement reconnu, mais peu appliqué – signifie qu'ils sont étroitement liés entre eux, tout en étant distincts. Sur la force de ce principe, voir notre ouvrage en accès libre : Meyer-Bisch P., Gandolfi S., Balliu G. (éds.) (2016), *Souveraineté et coopérations. Guide pour fonder toute gouvernance démocratique sur l'interdépendance des droits de l'homme*, www.globethics.net.

processus de multiplication se développe, parfois selon une réaction en chaîne dont il n'est plus possible de sortir sans des moyens extérieurs extraordinaires. Ces situations combinant plusieurs violations de droits humains et diverses formes de discrimination sont définies dans la recherche comme des violations intersectionnelles des droits humains[4] *; elles ont un impact particulièrement dévastateur sur les personnes concernées et, lorsqu'elles demeurent sans traitement adéquat, elles installent des dynamiques d'appauvrissement et de violence durables. Cette interdépendance entre les violations démontre* a contrario *l'indivisibilité et l'interdépendance des droits de l'homme. Pourtant, il apparaît que ces situations n'ont pas été suffisamment considérées par le système international des droits de l'homme.* » (Meyer-Bisch, Bouchard, 2016a).[5]

Lorsque violations et discriminations multiples s'entremêlent en se renforçant mutuellement, nous parlons d'« intersectionalité ». Les personnes concernées disparaissent et forment comme un « trou noir » face auquel les institutions, et souvent aussi les personnes aidantes, sont impuissantes : le problème est à la fois trop grave et trop emmêlé pour nos institutions cloisonnées et cloisonnantes.

Dit autrement, si la dignité de chacun est notre bien commun : nous avons besoin de l'intelligence et de la liberté des autres pour développer les nôtres, c'est pourquoi la solidarité n'est pas qu'une posture altruiste, c'est une éthique rationnelle, généreuse certes, mais aussi très fonctionnelle. Discriminer toute une population, voire une seule personne au motif de son genre, ou de son origine socioculturelle, c'est à l'évidence ne comprendre ni son genre, ni son origine socioculturelle, c'est se fermer tout un pan de compréhension. L'envers de la dignité est la honte et son développement, l'humiliation : le mépris de ce qui est potentiellement fort et intelligent en chacun. C'est à l'envers du bien commun – un « mal commun » : violences, guerres, pauvretés, pollutions, en un mot :

[4] La notion d'intersectionalité a été à l'origine développée dans les études de genre pour considérer l'intersection des discriminations basées sur le genre, la race et la classe sociale. Voir notamment les travaux de la sociologue américaine Kimberlé Crenshaw. La définition utilisée dans cette recherche est beaucoup plus large.

[5] Voir en bibliographie les publications issues de ces travaux.

bêtise, incapacité d'appréhender le complexe. Mais pour tenter de réduire ces grands maux et parfois de les vaincre ici ou là, nous pouvons déconstruire une part de ce qui les cause : les motifs discriminants et les amalgames d'ignorance. Étant donné que tout motif de discrimination peut être analysé comme un amalgame culturellement construit, les droits culturels, en tant que droits, libertés et responsabilités d'accéder, de participer et de contribuer aux références culturelles qui permettent de développer son identité, sont au centre de cet entremêlement.

Les motifs sont « interdits » parce qu'ils sont utilisés pour justifier des discriminations, mais ils ne sont pas interdits d'analyse, bien au contraire. La neutralité nous écarte de la richesse humaine dans la diversité de ses ressources.

2. Les droits culturels sont à toutes les intersections

La dignité et la honte sont à l'intersection des vulnérabilités, le lieu même de nos capacités culturelles, capacités de toucher et d'être touchés, d'être impressionnés et d'exprimer. Notre culture est comme notre peau, la surface de nos sens et l'expérience du sens, là où tout le corps montre, se montre, est montré. Les droits culturels se situent à cette interface entre l'intime de chacun et le tissage social. Par le droit à l'éducation et le droit de participer à la vie culturelle – c'est-à-dire de partager de l'identité, des valeurs et du sens dans toutes les activités – chacun a le droit, mais aussi les libertés et les responsabilités qui y correspondent, de vivre son processus d'identification tout au long de sa vie[6]. Chacun a le droit de s'entendre

---

[6] Classiquement, les droits culturels sont à l'intérieur du système des droits de l'homme le droit à l'éducation et le droit de participer à la vie culturelle. Après une recherche dans l'ensemble des instruments juridiques, nous avons synthétisé toute une « corbeille de droits » dans la *Déclaration des droits culturels*, dite *Déclaration de Fribourg*.Au sein de ce groupe de travail, nous avons proposé cette définition : « *Les droits culturels désignent les droits et libertés pour une personne, seule ou en commun, de choisir et d'exprimer son identité et d'accéder aux références culturelles comme à autant de ressources qui sont nécessaires à son processus d'identification, de communication et de création.* ». Meyer-Bisch P., Bidault M.

dire : « Ton histoire m'intéresse », autrement dit, ton parcours, tes références, tes expériences, méritent d'être dites, exprimées et reconnues. Les droits culturels sont tous des droits et libertés de participer au grand échange de savoirs, en particulier les plus importants pour identifier et s'identifier, pour reconnaître et être reconnu.

Les motifs de discrimination et les pratiques qu'ils couvrent sont culturellement construits, soit parce qu'ils sont typiquement socio-culturels (origine sociale, nationale, ethnique, « appartenance » religieuse, communautaire, idéologique...), soit parce qu'ils sont une représentation réductrice d'une caractéristique naturelle dans un espace-temps donné (âge, sexe, handicap, taille, apparence, maladie,...). Ces motifs – culturalistes ou/et naturalistes – sont interdits parce qu'ils ont en commun d'amalgamer la diversité irréductible d'une personne ou d'un groupe en les marquant/démarquant par une caractéristique supposée bien connue. La négation de la valeur et de la diversité interne à chacune de ces références, correspond en réalité à une « déculturation » : les références sont réifiées, les libertés sont quasiment niées, les personnes assignées, et supposées responsables des maux communs.

Chacun développe son identification tout au long de sa vie à l'aide d'une diversité de références qui, toutes, sont susceptibles d'ouvrir à une grande richesse d'interprétation et au défi d'une élaboration culturelle appropriée. Beaucoup d'auteurs parlent d'identités multiples[7], mais cette expression a le grand inconvénient de nier la nécessité pour chacun de faire son unité avec une diversité fluctuante

(2010), *Déclarer les droits culturels. Commentaire de la Déclaration de Fribourg*, Schulthess, Bruylant, §§ 0.12 et 3.8.

[7] En parlant d'*Identités meurtrières* (Grasset, 1998), Amin Maalouf montre l'effet néfaste des identités qui sont définies avec une seule appartenance. De son côté, François Julien, dans *Il n'y a pas d'identité culturelle* (L'Herne, 2016) démonte la facticité d'une identité culturelle nationale, qu'il décompose certes avec la diversité des références culturelles. Mais cette critique d'une identité culturelle nationale essentialisée ne l'autorise pas à démolir la notion générale d'identité culturelle vivante, libre avec ses multiples références choisies, pour les personnes, les communautés, les institutions, voire les nations, mais de façon ouverte, libre et constamment négociée.

de références. La liberté de vivre son identité complexe dépend en bonne partie de la richesse des références culturelles qu'il peut choisir, développer, modifier, refuser. La diversité est dans les références, l'identification est une action d'unité, d'interprétation continue, de choix, de priorisation, de mise en relation de ces références.

Les *savoirs* exprimés par ces références, compris de façon « incorporée », vécus comme autant de *saveurs* ou de lieux de conscience, de façons de vivre et de sentir, constituent la matière des liens avec les autres, les institutions, les choses et soi-même. Le culturel est la texture même d'un tissage social libre : la qualité, la souplesse, la solidité de son étoffe. C'est par le croisement des savoirs que chacun s'identifie lui-même et identifie les liens qu'il choisit et développe, et ceux auxquels il renonce, dans la participation à une vie culturelle intense tout au long de sa vie.

Pourtant, l'exercice de notre liberté d'identification suppose une liberté d'interprétation de ces grandes références. Cela implique que nous ayons accès à des références dites « de qualité », à savoir celles qui présentent leur complexité et donnent accès à un espace d'interprétation. Le débat relativement récent sur le genre, permet d'entrevoir une immense diversité d'expressions, et donc de voies de réalisation, ce qui ne veut pas dire que chacune est « bonne » : la responsabilité d'interprétation demeure, notamment au regard de la réalisation des autres droits humains : famille, soins, responsabilité envers la société, etc.

Notre culture est comme notre peau. Notre puissance culturelle peut être décrite de façon à peine métaphorique comme notre capacité de toucher et d'être touché. Cela implique d'avoir reçu assez de savoir pour que naisse et se développe le désir, pour en comprendre la valeur et l'incomplétude, et donc la nécessité d'en chercher encore. Voilà, à mon sens, la principale source de paix : *assez de jouissance reçue pour comprendre que le partage est vital.* Ceux qui n'ont pas reçu cette base de savoir et de jouissance – cette base de saveur – sont exposés à la peur. Pour ceux-là, les caractéristiques socioculturelles sont des cloisons, pour les autres, ce sont des invitations à comprendre, à explorer, à jouir du réel.

3. Pour des « valorisations multiples » : retourner les motifs

Comment préserver et développer en chacun les capacités de jouissance de la dignité qui épanouissent et garantissent son pouvoir d'agir ? La notion de « jouissance » a l'avantage d'être concrète : du point de vue juridique, on définit la jouissance d'un droit : l'alimentation, comme l'association, l'expression ou la participation à la vie culturelle sont des jouissances, des buts en soi et en même temps des voies d'accès pour les autres capacités. Du point de vue des personnes, ce sont autant de libérations. Les droits culturels expriment peut-être au mieux les différentes dimensions de cette jouissance : plaisir de savoir, d'admirer, d'identifier des choses, des autres, soi-même, au sein de connaissances à la fois propres, singulières et partagées. Chaque savoir approprié, vécu en partage est un lien physique et social, c'est aussi une sensibilité accrue, et donc une vulnérabilité, puisque c'est une ouverture forte à soi, aux autres et aux choses.

Nous savons que chaque droit humain exprime une capacité (conscience, pensée, opinion, expression, association, alimentation, habitation, éducation, vie culturelle, relation de soin, etc.), c'est-à-dire une force et une faiblesse sociales, une vulnérabilité dans ses deux faces : enfermement ou lien social. Si chaque droit, avec ses dimensions constitutives de libertés et de responsabilités, est individuel, il signifie pour chacun, en son intime, une exposition sociale. Mais plus encore, au sein de l'ensemble de ces droits, les droits culturels sont des « capacités de capacités », car ils garantissent les savoirs, non seulement comme valeurs en soi, mais aussi comme conditions primordiales – et pas seulement complémentaires – à la réalisation des autres droits. Par exemple, pour accéder à une relation de soin digne, il faut être reconnu comme capable de savoir. Une personne peut au contraire être considérée comme incapable de savoir, en raison de son origine sociale ou d'un autre motif, par une institution médicale qui, elle, est censée savoir. Ce manque de croisement des connaissances vécues est souvent la source de soins inappropriés. Cette personne subit une violation du droit aux soins combinée à une discrimination. À l'inverse, être malade, c'est posséder un savoir spécifique.

3.1 Retourner les motifs

La vulnérabilité est éclairante, elle permet de chercher la puissance de la dignité humaine universelle dans la singularité de ses relations qui sont toutes des ouvertures aux autres et aux choses. Les droits culturels combinent la valorisation des diversités culturelles et la mise à jour d'un universel concret, ouvert et hospitalier, celui qui permet de reconnaître joies et souffrances, espoirs et révoltes, à travers, mais non au mépris, de toutes les frontières culturellement élaborées. Les droits, libertés et responsabilités culturels sont des droits de critique, d'interprétation.

Il s'agit de déconstruire les motifs de discrimination et de les retourner en motifs de valorisation. Il est important de porter précisément l'attention sur la déculturation opérée par un motif interdit. En réalité, les âges, les genres, les origines nationales, sociales, voire les handicaps dans une large mesure (je mets tout au pluriel), sont, dans une culture vivante qui s'enrichit de ses diversités, des motifs de valorisation. Ce sont des valeurs reconnues auxquelles les personnes peuvent se référer avec fierté. C'est ainsi que les victimes de violences sexuelles ont besoin de réapprendre la fierté de leur corps par leur sexe, que celles dont la langue est méprisée ont le droit d'apprendre la beauté puissante de leur langue et d'en être également fières : une langue bien appropriée et développée est la porte ouverte vers les autres langages. Il en va ainsi de toutes les références par lesquelles une personne développe son identité. Les motifs « interdits » désignent tous une forme de vulnérabilité qu'ils réduisent à un défaut, alors qu'une vulnérabilité est une ouverture sur les autres, et donc une capacité de socialisation. C'est en ce sens que leur interprétation culturelle est extrêmement précieuse : elle conditionne la richesse du tissage social.

Ce n'est que l'usage discriminant de ces motifs qui est interdit. Mais pour prévenir et traiter les discriminations qu'ils couvrent, il ne suffit pas de les ignorer, d'en interdire la mention, d'autant plus qu'il est facile de les détourner. Il faut au contraire en autoriser la critique. L'énoncé même des motifs « interdits » contribue parfois à l'amalgame pervers qui caractérise le « politiquement correct ». Il n'y a pas seulement le sexe, traduit à présent par le genre, mais une diversité de genres, c'est-à-dire d'interprétations de la sexualité, qui traverse toutes les personnes et donc toutes les sociétés. L'analyse de cette diversité est un progrès essentiel. La pire construction est sans doute celle de « race ». Car si le sexe et l'âge existent sans conteste, et c'est seulement leur interprétation réductrice qui est contestée, la race n'existe pas : c'est le modèle d'un amalgame tenace qui recouvre un flou de motifs flottants (aspect physique, origine socioculturelle, langue, religion, idéologie…). C'est pourquoi « lutter contre le racisme » ressemble plus à un auto *goal* bien-pensant qu'à une politique utile. Lorsque le motif de racisme est invoqué dans une plainte, il est nécessaire de le décortiquer sans attendre, de le défaire en une diversité de motifs saisissables.

3.2 Les stratégies de résistance et de résilience

Il est cependant nécessaire d'aller plus loin. Personne ne peut prétendre savoir de façon suffisante ce qu'est la dignité : celle-ci est trop riche, trop diversifiée et trop forte pour être appréhendée par une seule approche, qu'elle relève d'une éthique politique laïque ou religieuse. Mais on peut et doit progresser en cherchant dans la diversité : les droits humains se sont développés, en voie négative, par le recueil des violations et la recherche de réponses de mieux en mieux appropriées, à la fois à la diversité de situations et à une intelligence plus approfondie de leur portée universelle. Nous sommes, bien entendu, encore loin du compte.

À l'inverse de la situation évoquée plus haut, celle du malade qui se voit refuser le droit de savoir, toute personne souffrante porte un savoir spécifique digne d'être entendu, non seulement par compassion et utilement pour pouvoir adapter la réponse, mais aussi parce que toute souffrance est unique. Nous rejoignons ici la notion de « résilience », largement développée en particulier par Boris Cyrulnik, et qui signifie, bien au-delà de la capacité de résistance et de réparation, celle de tirer leçon et saveur des souffrances endurées qui décapent la force de vivre, qui mettent à jour de façon à chaque fois unique la puissance humaine, autant que sa fragilité.

Notre hypothèse méthodologique et éthique est celle-ci : les porteurs de droits, victimes de violations multiples, sont aussi porteurs de savoirs précieux qui ne peuvent être compris que s'ils sont croisés avec les savoirs des porteurs d'obligations les plus proches, ceux qui sont en première ligne (familles, associations, institutions publiques…), puis avec les autres porteurs d'obligations qui en sont plus éloignés. Cette remontée des témoignages et de leurs analyses forme une « chaîne de valeurs » dont la constitution et l'entretien sont nécessaires pour comprendre ces violations et en prévenir d'autres. Il convient d'opposer une chaîne de valeurs patiemment co-élaborée et constamment co-adaptée à un enchaînement d'aliénations, lui-même très fluctuant et contaminant.

Les victimes indirectes de génocides, témoins de telle inhumanité, ne sont pas seulement des personnes à consoler et à soigner en leur conseillant de tourner peu à peu la page comme on fait son deuil. Non, ce serait les injurier à nouveau, car leurs morts les hantent toujours, et ce, de façon toute légitime puisque leurs savoirs n'ont pas été perçus. Les mémoriaux sont souvent vécus comme des cérémonies d'enterrement des mémoires. Pourquoi ? Parce que les témoins et leurs descendants ne rapportent pas seulement des atrocités directes attribuées à quelque pouvoir malfaisant ; ils tiennent dans la conscience de leur chair la fameuse « banalité du mal » qui demeure tolérée parce que mal connue, sous-estimée. C'est pourquoi, leurs héritiers d'aujourd'hui, familles et amis, historiens, politologues, juristes, artistes et savants de toutes disciplines, continuent de porter ce cri d'essence prophétique : le crime est toujours actif parmi nous, et il s'appelle : *l'indifférence.*[8] Il ressurgit, et continuera de la faire, sous forme de guerres, de massacres, d'abandons massifs à l'extrême pauvreté, de violences intrafamiliales, de pollutions massives, d'absences de soins multidimensionnels à l'égard des personnes souffrantes. Face à cela, nous continuons d'être radicalement impuissants. Nos sociétés sont aveuglées par leurs illusions ou leur défaitisme face à toutes les formes d'intersectionalité. Ces situations sont porteuses d'un éclairage trop dramatique.

---

[8] Voir le dernier ouvrage de Tobie Nathan, *Les âmes errantes* (L'Iconoclaste, 2017), dans lequel il analyse la force du témoignage politique des jeunes « radicalisés », force que la société ne peut guère percevoir sans se remettre complètement en question.

Face à l'indifférence, il n'est pas heureux de réduire la pensée à un éloge de « la différence », car c'est une nouvelle simplification, les différences étant légion entremêlées dans une infinité de diversifications culturelles. Il s'agit de valoriser autant que possible toutes les formes de diversités entrecroisées mouvantes, toutes celles qui contribuent au développement d'écosystèmes culturels de plus en plus riches en ressources de savoirs. Leur dynamique est celle des valorisations multiples : découverte et jouissance des savoirs à opposer systématiquement par expérience, science et témoignage, aux amalgames ignorants. C'est l'essence même de la modernité qui est ici convoquée à nouveaux frais : « *Ose savoir* », écrivait Kant, ose critiquer toutes les formes d'amalgames, ose avancer sur toutes les frontières sensibles de façon constructive, en montrant la puissance de chaque référence culturelle de qualité : chaque référence qui ouvre et offre un espace d'interprétation aux libertés. Les libertés culturelles sont des libertés instruites de leurs responsabilités et des ressources culturelles disponibles. Prétendre combattre les motifs « interdits », sans instruire leur retournement, relève d'une approche trop limitée, peu efficace et souvent ambiguë, car les relations humaines ne sont pas neutres. Cette « instruction » des motifs est d'autant plus importante lorsqu'ils s'additionnent et se couvrent mutuellement.

Bibliographie

Bouchard J. et Meyer-Bisch P. (2016), « Cultural Dimensions of Human Rights », *in Culture and Human Rights : The Wroclaw Commentaries,* (Wiesand A. J, Chainoglou K., A. Sledzinska-Simon A., Donders Y. (eds.)), De Gruyter, pp. 126-130.

Bouchard J. et Meyer-Bisch P. (2016), « Intersectionality and Interdependence of Human Rights : Same or Different ? », *Equal Rights Review*,Special Focus : Intersectionality, vol. 16,pp. 186-203.

Bouchard J. et Meyer-Bisch P. (2016), « L'intersectionalité des violations des droits humains et les discriminations multiples », *Revue Droits fondamentaux*, Dossier « Perspectives », n° 13.

Bouchard J. (2016), « Intersectionalité et interdisciplinarité: une connexion nécessaire pour comprendre et réaliser l'effectivité des droits humains », *Revue Droits fondamentaux*,Dossier « Perspectives », n° 13.

Meyer-Bisch P. (2016), « Au centre de l'intersectionalité. L'interdépendance des droits de l'homme et la fonction des droits culturels », *Revue Droits fondamentaux*,Dossier « Perspectives », n° 13.

Meyer-Bisch P. (2011), « Discriminations multiples et interdépendance entre les violations des droits de l'homme. Essai sur l'humiliation », *inL'homme et son droit. Mélanges en l'honneur de Marco Borghi*, (Zufferey, Dubey, Previtali (éds.)), Schulthess, pp. 331-348.

Previtali A. (2016), « Quelques réflexions sur la discrimination multiple », *in Mélanges en l'honneur de Claude Rouiller*, (Eigenmann, Poncet, Ziegler (éds.)), Helbing Lichtenhahn Verlag, p. 195.

« LES PORTEURS DE DROITS, VICTIMES DE VIOLATIONS MULTIPLES, SONT AUSSI PORTEURS DE SAVOIRS PRÉCIEUX QUI NE PEUVENT ÊTRE COMPRIS QUE S'ILS SONT CROISÉS AVEC LES SAVOIRS DES PORTEURS D'OBLIGATIONS LES PLUS PROCHES, CEUX QUI SONT EN PREMIÈRE LIGNE (FAMILLES, ASSOCIATIONS, INSTITUTIONS PUBLIQUES, ...), PUIS AVEC LES AUTRES PORTEURS D'OBLIGATIONS QUI EN SONT PLUS ÉLOIGNÉS.

[...]

LES LIBERTÉS CULTURELLES SONT DES LIBERTÉS INSTRUITES DE LEURS RESPONSABILITÉS ET DES RESSOURCES CULTURELLES DISPONIBLES »

PATRICE MEYER-BISCH

Accès, liberté et participation : les droits culturels au regard du droit international

Pierre BOSSET[1]

Introduction

Dans son ouvrage sur les *Capabilités*, d'abord publié en anglais en 2011, la philosophe américaine Martha C. Nussbaum a proposé une théorie de la justice sociale fondée sur la notion de « capabilités ». Derrière ce néologisme de prime abord assez peu élégant, on trouve une conception inspirante de la politique. La politique doit en effet chercher, nous dit Nussbaum, à garantir à chaque citoyen les choses essentielles à une vie digne – notamment, la capacité « *d'imaginer, de penser, de raisonner, et de faire tout cela d'une manière "vraiment humaine"* », c'est-à-dire « *d'une manière informée et cultivée* ». Elle nous décrit ce que cette capabilité comporte :

« Être capable d'utiliser l'imagination et de penser en lien avec l'expérience et la production d'œuvres et d'événements de son propre choix, religieux, littéraires, musicaux, etc. Être capable d'utiliser son esprit en étant protégé par les garanties de la liberté de l'expression, tant pour le discours politique et artistique que pour la liberté de culte. Être capable d'avoir des expériences qui procurent du plaisir. »[2]

---

[1] Pierre Bosset est professeur au Département des sciences juridiques de l'université du Québec à Montréal (UQAM).

[2] NussbaumM. C. (2011), *Creating Capabilities. The Human Development Approach*, Harvard University Press, trad. fr. : (2012) *Capabilités. Comment créer les conditions d'un monde plus juste?*, Flammarion, coll. Climats, pp. 55-56.

C'est dire que la dignité humaine comprend une importante dimension culturelle. Faut-il s'étonner que les textes juridiques consacrant les droits fondamentaux de l'être humain, et qui se fondent justement sur la dignité humaine, reconnaissent parfois de manière explicite cette dimension culturelle ? Ainsi, le *Pacte international relatif aux droits économiques, sociaux et culturels*, ratifié par la grande majorité des États, reconnaît à tout être humain certains droits qui ont explicitement la culture pour objet[3]. D'autres textes font de même, tout en s'adressant à certaines catégories de personnes : les femmes, les personnes victimes de discrimination raciale, les travailleurs migrants, les personnes vivant avec un handicap et les enfants[4]. Mais malgré cette apparente profusion normative, la dimension culturelle reste le parent pauvre de la réflexion portant sur les droits fondamentaux de l'être humain. Les auteurs, d'ailleurs, s'accordent à déplorer l'indigence de la réflexion sur les droits culturels[5], à commencer par celle des juristes, qui généralement s'y intéresseront assez peu, sauf peut-être de manière périphérique[6]. Inévitablement, cette pauvreté doctrinale finira par se répercuter sur l'action des pouvoirs publics, nationaux ou locaux. Inspirées par des considérations telles que l'histoire, le « *nation-building* » ou encore le

---

[3] 1966, *Pacte international relatif aux droits économiques, sociaux et culturels*, 993 RTNU. Voir plus loin. [Ci-après : PIDESC].

[4] 1979, *Convention internationale sur l'élimination de toutes les formes de discrimination à l'égard des femmes*, 1249 R.T.N.U. ; 1970, *Convention internationale sur l'élimination de toutes les formes de discrimination raciale*, 660 R.T.N.U. ; 1990, *Convention internationale sur la protection des droits de tous les travailleurs migrants et des membres de leur famille*, 2220 R.T.N.U. ; 2008, *Convention relative aux droits des personnes handicapées*, 2515 R.T.N.U. ; 1989, *Convention relative aux droits de l'enfant*, 1577 R.T.N.U.

[5] « *To date, cultural rights seem to be among the least understood and developed of all human rights both conceptually and legally* »: Hansen S. A. (2002), « The Right to Take Part in Cultural Life: Toward Defining Minimum Core Obligations », *inCore Obligations : Building a Framework for Economic, Social and Cultural Rights* (Chapman A. et Russell S. (dir.)), Intersentia, p. 281.

[6] « *Soit les manuels oublient cette catégorie, soit ils traitent de l'interculturalité en général, mais non des droits culturels spécifiques, soit ils y consacrent une portion très faible, ou ils les considèrent comme des droits essentiellement collectifs* » : Meyer-Bisch P. (2004), « Méthodologie pour une présentation systémique des droits humains », *in Classer les droits de l'homme* (Bribosa E. et Hennebel L. (dir.)), Bruylant, coll. Penser le droit, p. 48.

souci de mettre en valeurs des « industries culturelles », leurs politiques culturelles adopteront rarement, sinon jamais, une perspective inspirée par les droits culturels de l'être humain.

En cherchant à approfondir le sens de la notion de droits culturels, on constate pourtant que les droits culturels sont une catégorie-carrefour, où convergent droits civils, politiques, sociaux et, bien entendu, proprement culturels. En ce sens, les droits culturels sont peut-être la clé d'une conception holistique et cohérente de l'univers des droits fondamentaux. C'est cette transversalité que nous essaierons de mettre en évidence ici. Pour ce faire, dans une perspective susceptible de présenter un intérêt des deux côtés de l'Atlantique, nous prendrons appui sur les normes du droit international des droits de la personne que l'on retrouve dans les textes juridiques élaborés sous l'égide des Nations Unies[7]. En droit international, les droits culturels comportent des exigences distinctes, quoiqu'interalliées. Une première grande exigence réside dans la nécessaire liberté des chercheurs et des créateurs (1) ; une deuxième, dans le droit de chacun de participer à la vie culturelle (2) ; et une troisième, dans le respect des identités culturelles (3).

1. La liberté de recherche scientifique et de création artistique

La liberté de recherche et de création découle des engagements qui ont été pris volontairement par les 165 États parties au *Pacte international relatif aux droits économiques, sociaux et culturels*. Ce traité international oblige en effet les États à respecter la liberté indispensable à la recherche scientifique et aux activités artistiques[8]. Sont convoquées par cette première exigence des activités qui sont associées à une vision traditionnellement humaniste et socialement

---

[7] Notre cadre de référence sera essentiellement constitué des deux Pactes internationaux, l'un relatif aux droits économiques, sociaux et culturels (PIDESC), l'autre aux droits civils et politiques (PIDCP). À l'occasion, nous nous référerons aussi aux diverses « observations générales » (textes interprétatifs) adoptées par les organes compétents des Nations Unies : Comité des droits économiques, sociaux et culturels (CDESC) et Comité des droits de l'homme (CDH).

[8] PIDESC, art. 5 (3).

valorisée de la culture : les arts visuels et de la scène, la littérature, la musique ou encore la recherche scientifique, par exemple. Le processus de recherche ou de création se situe au cœur même de l'activité artistique ou scientifique ; il est parsemé de tâtonnements, de fausses pistes, souvent même d'erreurs. Ce processus d'exploration doit être respecté pour lui-même, bien qu'il n'aboutisse pas toujours à un produit fini, présentable, exploitable ou commercialisable. D'où la nécessité de lui accorder une protection distincte, qui ne se résume pas à la protection de la liberté d'expression. C'est l'objet de cette exigence de liberté de recherche et de création.

Pour autant, la liberté de recherche scientifique et de création artistique ne se limite pas à exiger que les pouvoirs publics s'abstiennent de porter atteinte à cette liberté. Elle peut aussi exiger de l'État certaines interventions positives. Cela est conforme à l'idée générale, maintenant admise, selon laquelle toute liberté ou droit fondamental comporte non seulement une obligation d'abstention (celle de *respecter* ce droit ou cette liberté), mais aussi l'obligation pour les pouvoirs publics de le *mettre activement en œuvre* par des mesures positives, le cas échéant[9]. Par exemple, des politiques de financement direct des arts ou d'encouragement fiscal à la recherche scientifique favoriseront concrètement l'exercice de la liberté de recherche et de création. Notons également que le droit international impose aux États des obligations en matière de protection des intérêts moraux et matériels découlant de la production scientifique, littéraire ou artistique[10]. Ces protections – droits d'auteur et brevets – ont pour but d'encourager les créateurs à contribuer activement aux arts et aux sciences. Mais si les régimes de propriété intellectuelle sont essentiels à l'exercice de la liberté de recherche et de création, en revanche une protection trop stricte desdits « intérêts moraux et matériels » risquerait de nuire à une autre dimension des droits culturels : le droit de participer à la vie culturelle.

---

[9] ONU, Comité des droits économiques, sociaux et culturels [CDESC], 1990, « Observation générale n° 3 sur la nature des obligations des États parties », Doc. NU. E/1991/34. Sur la nature des obligations découlant de la ratification d'un traité international relatif aux droits de la personne: De Schutter O. (2010), *International Human Rights Law*, Cambridge University Press, pp. 242-253.
[10] PIDESC, art. 15 (1) *c)*.

2. La participation à la culture

Deuxième exigence des droits culturels, le droit de chacun de participer à la vie culturelle fait l'objet de dispositions explicites en droit international[11]. Simple en apparence, l'énoncé de ce droit, si l'on veut saisir l'ampleur de sa portée normative, exige que soit d'abord éclairci le sens des termes qui le composent, à savoir la *vie culturelle* et la *participation.*

Commençons par la notion même de culture. Plus haut, nous évoquions les conceptions classiques ou humanistes de la culture. Or, ces conceptions ne rendent qu'imparfaitement compte de l'ambition normative du *Pacte*. En effet, ces définitions classiques, axées sur les arts et les sciences, coexistent dans les sciences sociales avec des définitions de caractère plus anthropologique, axées sur les systèmes de valeurs et de symboles propres à tout groupe humain – ce qui peut inclure, par exemple, la langue, la religion, les traditions populaires, le mode de vie ou la conception des rapports sociaux[12]. Or, il semble bien que le droit international soit très ouvert à ces conceptions anthropologiques de la culture. En témoigne le passage qui suit, tiré des observations formulées par le Comité des droits économiques, sociaux et culturels des Nations Unies à propos du droit de participer à la vie culturelle (2009) :

« *Le Comité considère que [...] la culture comprend notamment le mode de vie, la langue, la littérature orale et écrite, la musique et la chanson, la communication non verbale, la religion ou les croyances, les rites et cérémonies, les sports et les jeux, les méthodes de production ou la technologie, l'environnement naturel et humain, l'alimentation, l'habillement et l'habitation, ainsi que les arts, les coutumes et les traditions, par lesquels des individus, des groupes*

---

[11] *Ibid.*, art. 15 (1) *a).*

[12] Stavenhagen R. (2000), « Les droits culturels ? Le point de vue des sciences sociales », *in Pour ou contre les droits culturels : Recueil d'articles pour commémorer le cinquantième anniversaire de la Déclaration universelle des droits de l'homme* (Niec H. (dir.)), UNESCO. Sur la richesse des conceptions de la culture dans les sciences sociales contemporaines : Cuche D. (2010), *La notion de culture dans les sciences sociales*, 4e éd., La Découverte, coll. Grands repères.

d'individus et des communautés expriment leur humanité et le sens qu'ils donnent à leur existence[13]. »

Ainsi, la culture qu'envisage le droit international est loin d'être l'apanage des empereurs, des lettrés et des riches : c'est aussi celle d'humbles villageois, d'ouvriers, de minorités ethniques, de peuples autochtones, de populations immigrées[14]. Et, tout aussi important, le *Pacte* n'établit aucune hiérarchie entre cette « culture populaire » et la « haute culture » : à sa façon, chacune participe de l'expérience humaine, et c'est pourquoi chacune de ces deux incarnations de la culture est également digne de reconnaissance au regard du droit international[15].

La culture étant ainsi largement conçue, comment définir maintenant la participation à la vie culturelle ?

Certes, celle-ci se conçoit difficilement sans la possibilité de profiter des institutions, des activités, des services culturels. L'absence, le manque ou la mauvaise répartition d'infrastructures culturelles – tels musées, bibliothèques, théâtres et maisons de la culture – est en soi, et *a priori*, une violation du droit de participer à la vie culturelle[16]. Le

---

[13] CDESC (2009), « Observation générale n° 21 : le droit de chacun de participer à la vie culturelle », § 12.

[14] Stavenhagen R. (1995), « Cultural Rights and Universal Human Rights » *in Economic, Social and Cultural Rights: A Textbook* (Eide A., Krause C. et Rosas A., (dir)), Nijhoff, p. 71.

[15] *Ibid.*, § 11. Il n'est pas interdit de rattacher dans une certaine mesure cette conception de la culture, attentive aux cultures populaires, à l'école anglo-saxonne des *Cultural Studies*. La question centrale examinée par ce courant intellectuel assez peu connu dans les milieux francophones (en dépit de l'influence qu'il a eue ailleurs, et notamment en Amérique latine) est de « *comprendre en quoi la culture d'un groupe, et d'abord celle des groupes populaires, fonctionne comme contestation de l'ordre social ou, à l'inverse, comme mode d'adhésion aux rapports de pouvoir* ». Le mouvement des *Cultural Studies* a eu le grand mérite de faire de la culture des classes populaires un légitime objet d'étude. Pour un aperçu, voir : Mattelart A.et Neveu É (2008), *Introduction aux Cultural Studies*, La Découverte, coll. Repères, p. 4.

[16] 1991, Principes directeurs révisés concernant la forme et le contenu des rapports soumis par les États parties, Doc. N.U. E/C.12/1991/1, annexe. Le Comité des droits économiques, sociaux et culturels demande dans ce texte aux États de lui fournir des renseignements sur l'existence de ces infrastructures de base.

Pacte comprend donc, implicitement, une exigence d'accès à la culture. Dans ses observations, le comité des Nations Unies a souligné que cet accès à la culture impliquait le droit de connaître et de comprendre sa culture et celle des autres, celui de recevoir un enseignement culturel de qualité, celui d'accéder à des formes d'expression et de diffusion culturelles appropriées, celui enfin de bénéficier du patrimoine culturel d'autres communautés[17]. Assujettie, comme toutes les dispositions du *Pacte*, à la disponibilité des ressources, cette exigence d'accès à la culture n'est pas pour autant un simple objectif que les pouvoirs publics pourraient ignorer une fois le *Pacte* ratifié. En effet, la ratification du *Pacte* emporte pour les États une obligation immédiate d'agir en vue de la réalisation progressive des droits qui y sont consacrés[18], et cela inclut évidemment le droit de participer à la vie culturelle.

Cela dit, le droit de participer à la vie culturelle est loin de se limiter à l'accès aux facilités, activités ou institutions culturelles. Ce serait considérer l'être humain comme jouant un rôle essentiellement passif, celui d'un destinataire de « services » culturels ou encore d'un consommateur de « produits » culturels. Or, le *Pacte* voit plus grand et surtout plus haut. Artiste ou non, scientifique ou non, l'être humain y est considéré, en effet, comme étant susceptible de contribuer en tant que citoyen à la vie culturelle – autrement dit, comme un acteur culturel à part entière[19]. On rappellera ici que le *Pacte* reconnaît la légitimité des formes vernaculaires de culture. Aux côtés de la démocratisation de la culture à laquelle nous renvoie l'accès aux services et aux institutions, un paradigme supplémentaire apparaît ainsi dans le droit international : celui de la *démocratie culturelle*. Ce paradigme est étroitement lié à la dimension anthropologique de la culture. Peu à peu, il nous amène sur le terrain des identités culturelles.

---

[17] CDESC, « Observation générale n° 21 », précitée, § 15 *b)*.

[18] CDESC, « Observation générale n° 3 sur la nature des obligations des États parties », *op. cit.*

[19] CDESC, « Observation générale n° 21 », précitée, § 15 *c)* : chacun a le droit de « *participer à la création des expressions spirituelles, matérielles, intellectuelles et émotionnelles de la communauté* ».

3. Le droit aux identités culturelles

Dans son ouvrage, Martha Nussbaum a évoqué une autre capabilité essentielle à la dignité de l'être humain : la capacité d'*affiliation* à d'autres êtres humains. Dans les termes de la philosophe, il s'agit de la capacité « *de vivre avec et pour les autres, de reconnaître et d'être attentif à d'autres êtres humains, de prendre part à différents types d'interactions sociales*[20] ». La troisième exigence que nous souhaitons mettre en lumière fait donc appel à la relation qui existe entre l'être humain et les diverses communautés – nous utilisons le pluriel à dessein, pour des raisons que nous expliquerons plus loin – auxquelles il est possible de s'identifier.

Reflet de la transversalité des droits culturels, la dimension identitaire des droits culturels figure non pas dans les dispositions du PIDESC, mais dans celles du traité qu'on présente souvent comme étant sa contrepartie, le *Pacte international relatif aux droits civils et politiques*[21]. Là où celles-ci existent, l'article 27 reconnaît aux personnes appartenant aux minorités ethniques, religieuses et linguistiques le droit d'avoir leur propre vie culturelle, de professer ou de pratiquer leur propre religion, ou d'employer leur propre langue. Ici encore, ce droit ne se limite pas à l'activité artistique ou scientifique, car, tout comme dans le PIDESC, la culture telle qu'envisagée par le PIDCP peut revêtir de nombreuses formes et s'exprimer, dans le cas des populations autochtones par exemple, par un certain mode de vie traditionnel[22].

Bien que les titulaires des droits consacrés à l'article 27 soient des individus (« *les personnes appartenant à des minorités ne peuvent être*

---

[20] Nussbaum M., *op. cit.*, p. 56.

[21] 1966, *Pacte international relatif aux droits civils et politiques*, 999 R.T.N.U. [Ci-après : PIDCP].

[22] ONU, Comité des droits de l'homme [CDH] (1994), « Observation générale n° 23 », Doc. N.U. CCPR/C/21/Rev.1/Add.5, § 7. Voir : *Kitok c. Suède*, communication individuelle n° 197/1985, Doc. N.U. CCPR/C/33/D/197/1985 [empêchement par la loi d'élever le renne, une activité traditionnelle du peuple sami]. Également : *Ominayak et Bande indienne du Lac Lubicon c. Canada*, Doc. N.U. CCPR/38/D/167/1984 [politiques d'expropriation ayant porté atteinte aux activités traditionnelles d'une nation indienne].

privées du droit... »), le respect de ces droits dépend, en pratique, de la mesure dans lequel le groupe minoritaire parvient à maintenir de manière collective sa culture, sa langue ou sa religion. En ce sens, et malgré la formulation apparemment peu contraignante de l'article 27 pour les pouvoirs publics, les États devront parfois prendre des mesures positives pour protéger l'identité des minorités[23]. Dans la *Déclaration des droits des personnes appartenant à des minorités nationales ou ethniques, religieuses et linguistiques*(1992), l'ONU a formulé ainsi le comportement attendu des autorités : « *Les États protègent l'existence et l'identité nationale ou ethnique, culturelle, religieuse ou linguistique des minorités, sur leurs territoires respectifs, et favorisent l'instauration des conditions propres à promouvoir cette identité.* [Ils] *adoptent les mesures législatives ou autres qui sont nécessaires pour parvenir à ces fins.*[24] »

Pour autant, les attentes des collectivités finiront par primer les droits des êtres humains si l'on met de l'avant une vision passéiste, réactionnaire, patriarcale ou statique de la culture sous couvert du droit à l'identité culturelle. L'être humain risque de se trouver alors prisonnier d'une identité première qu'on lui imposerait d'autorité comme étant immuable. Or, comme le faisait remarquer Todorov, la liberté que nous avons en commun avec les autres, c'est précisément la liberté de refuser ces surdéterminations[25]. Dans cette perspective, aux yeux du droit international, les droits culturels ne sont pas des référents identitaires collectifs existant en surplomb des individus. Sur ce point crucial, l'article 5 du PIDCPpose comme principe général que nul ne peut invoquer une disposition de celui-ci (incluant l'article 27) pour se livrer à une activité ou accomplir un acte visant à la destruction des droits et libertés qui y sont garantis. Ainsi, à propos de

[23] Ici encore, la problématique des peuples autochtones a fourni au Comité l'occasion d'expliciter les exigences du PIDCP. V. par exemple : 28 octobre 2005, *Examen des rapports présentés par les États parties en vertu de l'article 40 du Pacte - Observations finales du Comité des droits de l'homme* (Canada), Doc. N.U. CCPR/C/CAN/CO/5, § 10 [mesures à prendre pour assurer la préservation des langues autochtones]. V. aussi 1994, « Observation générale n° 23 », *op. cit.*, § 6.2.

[24] 1992, *Déclaration des droits des personnes appartenant à des minorités nationales ou ethniques, religieuses et linguistiques*, Doc. N.U. A/RES/47/135.

[25] Todorov T. (1989), *Nous et les autres. La réflexion française sur la diversité humaine*, Éditions du Seuil, coll. Essais, p. 513.

l'égalité des droits entre les femmes et les hommes, le Comité des droits de l'homme des Nations Unies a souligné (2000) que les droits reconnus aux minorités linguistiques, culturelles ou religieuses n'autorisent pas à violer le droit des femmes d'exercer à égalité avec les hommes tous les droits énoncés dans le *Pacte*[26]. En somme, les expressions culturelles incompatibles avec le respect de la dignité et l'épanouissement de tous les membres du groupe concerné sortent du champ de la protection envisagée par le droit international.

Au final, l'exigence identitaire doit en réalité coexister avec l'exigence de liberté culturelle. Ce point nous paraît d'une importance capitale puisqu'il permet de réconcilier l'aspect identitaire des droits culturels avec les autres exigences découlant de ceux-ci. En ce sens, il faut parler du respect d'identités culturelles *librement choisies*. Les réflexions les plus récentes sur les droits culturels, en particulier celles du Groupe d'experts de Fribourg, d'où est issue une inspirante déclaration (2007) sur les droits culturels faisant le point sur « *ce que déclarer des droits culturels veut dire* »[27], ont d'ailleurs adopté cette perspective. Concrètement, le droit à l'identité culturelle doit donc comprendre, certes le droit au respect d'une identité culturelle, mais aussi la liberté de chacun de pouvoir à sa guise se réclamer d'une ou de plusieurs appartenances culturelles (d'où l'usage du pluriel, plus haut dans ce texte) et la liberté de pouvoir modifier ce choix en tout temps[28]. Au passage, on pourra déplorer que, dans certains textes juridiques, la culture ne soit toujours appréhendée qu'à travers le droit des personnes appartenant à des minorités de maintenir et faire progresser leur vie culturelle « *avec les autres membres de leur groupe*[29] » – une formulation sans doute involontairement ghettoïsante qui, par son essentialisme sous-jacent, reflète mal la réalité

[26] CDH (2000), « Observation générale n° 28 sur l'égalité des droits entre hommes et femmes », § 32.

[27] 2007, *Déclaration de Fribourg sur les droits culturels*. Voir : Bidault M. (2008-2009), « Ce que déclarer des droits culturels veut dire », *Droits fondamentaux*, vol. 7, pp. 1-18. La Déclaration de Fribourg n'est pas un texte juridiquement contraignant, mais elle a influencé le texte de la récente observation générale du CDESC (n° 21) sur le droit de participer à la vie culturelle, *op. cit.*

[28] *Déclaration de Fribourg*, art. 4 *a)*.

[29] V. ainsi l'art. 43 de la Charte [québécoise] des droits et libertés de la personne, L.R.Q., c. C-12. V. aussi l'art. 27 du PIDCP.

sociologique du processus dynamique et évolutif qu'est la culture[30]. À plus forte raison, concevoir le droit au respect des identités culturelles comme une *liberté* milite contre l'assignation d'office d'une personne à une communauté culturelle contre le gré de cette personne[31].

Conclusion

Sans contredit, les droits culturels, disséminés dans des textes sur les droits économiques et sociaux, mais aussi dans des textes sur les droits civils et politiques, échappent aux catégorisations hâtives. Véritables droits-carrefour, ils illustrent l'interdépendance qui doit exister entre les éléments du corpus des droits et libertés fondamentaux[32]. En particulier, les droits culturels ont besoin, pour leur réalisation, des libertés civiles de base (la liberté d'expression, la liberté d'association, la liberté de réunion), d'un niveau de vie décent, de l'accès à l'éducation, du droit à l'information. Mais les droits culturels permettent à leur tour de situer, d'incarner les autres droits dans un monde caractérisé par la diversité : celle des langues, des groupes ethniques et nationaux, des religions, des classes sociales, etc. En ce sens, on partagera l'analyse de Patrice Meyer-Bisch, pour qui les droits culturels sont la clé de voûte du système des droits, car, rassemblant – sous la bannière de la liberté – les dimensions individuelles et collectives des droits, ils permettent de tenir compte de l'indivision de la condition humaine[33]. Au fond, peut-être l'intérêt principal d'une réflexion sur les droits culturels est-il de nous amener à réaliser que chaque droit ou liberté – qu'il soit civil, politique, économique ou social – comporte aussi sa *dimension culturelle*[34]. Il en

---

[30] CDESC, « Observation générale n° 21 : le droit de chacun de participer à la vie culturelle », *op. cit.*, § 11.

[31] *Déclaration de Fribourg*, *op. cit.*, art. 4 *b)*.

[32] Sur l'interdépendance des droits, v. la *Déclaration finale de la Conférence mondiale sur les droits de l'homme*, tenue à Vienne en 1993 : Doc. N.U., A/CONF.157/323, § 5.

[33] Meyer-Bisch P., « Méthodologie pour une présentation systémique des droits humains », *op. cit.*, p. 47.

[34] Ainsi en est-il, par exemple, du droit au logement. L'architecture, les matériaux de construction utilisés, les politiques en matière de logement devraient permettre d'exprimer convenablement l'identité culturelle et la diversité dans le logement.

découle un impératif pour les pouvoirs publics, et qu'on ne doit pas considérer comme une abdication devant le communautarisme : celui de se préoccuper de l'adéquation culturelle de leurs politiques.

Bibliographie

Bidault M. (2010),*La protection internationale des droits culturels*, Bruylant, 560 p.

Bosset P. (2006), « Être nulle part et partout à la fois : réflexion sur la place des droits culturels dans la Charte québécoise des droits et libertés », *Revue du Barreau*, hors-série, pp. 81-107.

Meyer-Bisch P.*et al.* (2010),*Déclarer les droits culturels*, Schulthess Verlag, 167 p.

Voir : CDESC (1991), « Observation générale n° 4 : le droit au logement », § 8 *g)*. Le CDESC a mis en lumière la dimension culturelle d'autres droits, entre autres le droit à l'éducation et le droit à la santé. Par sa portée collective et systémique, l'exigence d'adéquation culturelle dépasse l'obligation (individuelle) d'accommodement raisonnable connue en Amérique du Nord. (Sur cette dernière notion, voir dans une perspective comparative : Bosset P. et Foblets M.-C. (2009), « Le Québec et l'Europe face au besoin d'accommoder la diversité: disparité des concepts juridiques, convergence des résultats ? » *in Accommodements institutionnels et citoyens. Cadres juridiques et politiques pour interagir dans des sociétés plurielles*, Conseil de l'Europe, coll. Tendances de la cohésion sociale, n° 21, pp. 37-68).

« (...) *LES DROITS CULTURELS ONT BESOIN, POUR LEUR RÉALISATION, DES LIBERTÉS CIVILES DE BASE (LA LIBERTÉ D'EXPRESSION, LA LIBERTÉ D'ASSOCIATION, LA LIBERTÉ DE RÉUNION), D'UN NIVEAU DE VIE DÉCENT, DE L'ACCÈS À L'ÉDUCATION, DU DROIT À L'INFORMATION. MAIS LES DROITS CULTURELS PERMETTENT À LEUR TOUR DE SITUER, D'INCARNER LES AUTRES DROITS DANS UN MONDE CARACTÉRISÉ PAR LA DIVERSITÉ : CELLE DES LANGUES, DES GROUPES ETHNIQUES ET NATIONAUX, DES RELIGIONS, DES CLASSES SOCIALES, ETC.* »

PIERRE BOSSET

Droits culturels : Vers une nouvelle définition des politiques publiques de la culture ?

Françoise LIOT[1]

Introduction

La notion de droits culturels a fait son entrée en 2015 dans la loi NOTRe portant sur l'organisation territoriale de la République dans un chapitre consacré à la responsabilité culturelle exercée conjointement par les collectivités territoriales et l'État[2]. Ce principe est repris par la Loi relative à la liberté de Création, à l'Architecture et au Patrimoine (LCAP) en 2016[3]. Ces deux textes font explicitement référence à la convention de l'UNESCO sur la protection et la promotion de la diversité des expressions culturelles[4]. Cet article se propose de considérer les incidences que peuvent avoir ces textes sur la manière d'envisager les politiques publiques de la culture en France.

---

[1] Françoise Liot est maîtresse de conférences à l'Université Bordeaux Montaigne et chercheuse au Centre Émile-Durkheim, UMR 5116 – CNRS – Université de Bordeaux. Elle a travaillé sur l'analyse des politiques culturelles territoriales et sur les transformations des professions artistiques et culturelles. Elle a publié notamment *Le métier d'artiste* à L'Harmattan en 2004 et coordonné l'ouvrage *Projets culturels et participation citoyenne. Le rôle de l'animation et de la médiation en question* à L'Harmattan en 2010.

[2] Loi n° 2015-991 du 7 août 2015 portant nouvelle organisation territoriale de la République.

[3] Loi n° 2016-925 du 7 juillet 2016 relative à la liberté de la création, à l'architecture et au patrimoine.

[4] La convention sur la protection et la promotion de la diversité des expressions culturelles du 20 octobre 2005 est ratifiée par la France le 18 décembre 2006.

1. Renouveler l'action publique

Tout d'abord, ces lois apparaissent comme le résultat d'un long processus qui a conduit à envisager le renouvellement de l'action publique et le changement de référentiel des politiques culturelles. Plus particulièrement, ce discours de changement prend forme dans la rencontre entre deux phénomènes, d'une part une crise de légitimité du soutien à la création et à la diffusion développée après la Seconde Guerre mondiale et d'autre part des dispositifs de transformation de l'action publique qui, tel l'Agenda 21, donnent un socle pragmatique à l'élaboration de politiques plus transversales et davantage co-construites avec les habitants[5].

Cette crise de légitimité que connaît l'intervention publique dans le domaine de la culture est le fruit d'un certain nombre de constats. Les orientations des politiques culturelles, mises en œuvre à partir d'André Malraux à la fin des années 50, se sont orientées principalement vers un soutien à la création et à la diffusion des œuvres et vers un objectif de démocratisation de la culture artistique et savante. Portée par l'État, cette orientation a semblé pendant longtemps légitime, car le patrimoine avait une portée universelle et, dans la tradition française, il a été conçu comme un élément essentiel de lien social et de maintien d'une communauté de citoyens (Arendt, 1994). Toutefois, cette conception n'a pas laissé de place aux cultures vernaculaires et populaires. En même temps, les enquêtes sur les pratiques culturelles des Français montraient la difficulté d'élargir les publics des équipements culturels, constitués principalement des catégories sociales les plus favorisées et les plus diplômées (Donnat, 2009). Ainsi la légitimité de cette politique s'est-elle vue affaiblir à la fois parce qu'elle invisibilisait et sous-estimait les pratiques culturelles les plus populaires (et pourtant constitutive des identités de chacun) et aussi parce qu'elle échouait à faire partager les références culturelles les plus exigeantes. Ainsi, les politiques culturelles portées par l'idéal de démocratisation sont-elles apparues élitistes et descendantes, incapables de reconnaître les formes d'expression les plus vivantes et populaires, comme celles de la jeunesse et des minorités notamment

[5] http://reseauculture21.fr

(Milliot, 2005). De ce point de vue, les droits culturels sont venus en opposition au droit à la culture qui semblait s'essouffler.

Mais cette crise de légitimité doit aussi être approchée en lien avec le changement d'échelle territoriale et l'exigence de pragmatisme de l'action publique qui en découle. Dans le cadre de la décentralisation, les collectivités territoriales ont poursuivi dans un premier temps les mêmes orientations que l'État en construisant notamment un grand nombre d'équipements culturels sur le territoire pour accueillir et diffuser la création artistique. En effet, la culture n'a pas été définie comme une compétence obligatoire des collectivités territoriales, pour cette raison, celles-ci ont mis du temps à investir politiquement ce secteur. Elles ont plus souvent préféré déléguer la mise en œuvre des actions aux associations et s'inscrire dans les objectifs définis par l'État. Mais, dès la fin des années 1990, dans un contexte de restriction budgétaire, cette politique est apparue trop inflationniste et les collectivités ont souhaité se recentrer sur leurs compétences obligatoires. Ainsi, la culture a-t-elle parfois été assimilée à une dépense superflue. Les politiques nationales et, de fait, territoriales en direction du soutien à la création et à la diffusion des œuvres d'art ont pu sembler coupées des préoccupations des territoires et des populations. Elles ont même parfois été accusées de défendre des enjeux corporatistes.

La volonté de rationalisation des dépenses publiques et la crise de légitimité de ce secteur d'action ont conduit à une réorientation des politiques culturelles territoriales vers une plus grande articulation des questions culturelles avec les compétences obligatoires des collectivités. Cette connexion des questions culturelles avec les questions sociales, la santé, l'aménagement des territoires, le développement économique ou encore l'éducation peut s'apparenter à la recherche d'une nouvelle forme de légitimité des questions artistiques. Elle est sous-tendue par l'Agenda 21 qui, depuis 2015, a intégré la référence à la déclaration de Fribourg pour une définition plus anthropologique de la culture[6]. Animées par ces principes, des

[6] La *Déclaration de Fribourg sur les droits culturels* promeut la protection de la diversité et des droits culturels au sein du système des droits de l'homme. Elle est le fruit du travail d'un groupe international d'experts, connu sous le nom de « Groupe

expériences ont été menées, sans attendre la loi NOTRe, dans plusieurs territoires. On peut citer par exemple l'emblématique PAIDEIA qui, dès 2012, associe plusieurs départements français pour évaluer collectivement leur politique au regard des principes des droits culturels[7]. Il s'agit de développer des logiques d'actions pour permettre à chacun d'exercer ses capacités, sa richesse relationnelle, ses aptitudes à être soit même producteur de culture, dans le respect de la dignité des personnes et en explorant des démarches de co-construction et de participation des populations (Lucas, 2012).

Beaucoup de militants en ont appelé ainsi à un changement de référentiel pour redonner un sens au soutien public à la culture et permettre une meilleure adéquation avec les transformations sociales et les constats des limites d'une politique culturelle, dont les modalités pouvaient apparaître comme une contribution a un processus d'exclusion. Celui-ci, on le sait, se jouant aussi sur le plan symbolique (Milliot, 2005).

2. Risques et impasses dans la mise en œuvre

L'introduction dans deux lois importantes de la notion de droits culturels est le résultat de ce militantisme des acteurs et des expériences menées par différentes collectivités publiques pour faire évoluer les politiques culturelles. Mais, les changements effectifs vont être fortement liés aux modalités de leur mise en œuvre et, s'ils font naître beaucoup d'espoir pour diffuser cette nécessité de transformer l'action publique, ils ne sont pas non plus sans comporter des risques d'impasses. En effet, si les valeurs font consensus, la confrontation à la réalité complexe des situations peut conduire à des distorsions, voire à des effets contre-productifs qu'il faut savoir anticiper.

La première question posée par la mise en œuvre d'une politique orientée par les droits culturels est celle de la place des artistes et des

---

de Fribourg » coordonné par Patrice Meyer-Bisch.Cette Déclaration, publiée en 2007, rassemble et explicite les droits culturels qui sont déjà reconnus, mais de façon dispersée, dans de nombreux textes internationaux.

[7] Pour une présentation de la démarche, voir le site : www.droitsculturels.org

acteurs culturels. Placé au centre des politiques culturelles surtout depuis les années 1980, le soutien à la création et le développement de l'organisation et de la professionnalisation du secteur semblent aujourd'hui s'évaporer des préoccupations alors même que la baisse des subventions publiques met à mal la survie de nombreuses compagnies et collectifs d'artistes. Quelle est la responsabilité des collectivités publiques en matière de structuration du secteur culturel ? Ne pas s'en préoccuper revient à laisser aux seules forces du marché le soin de produire des biens culturels et à laisser la place aux seules références issues du *mainstream*. Or, les artistes ont un rôle à jouer dans la partition des droits culturels. Comme l'explique John Dewey l'expérience esthétique est l'un des « *moyens par lesquels nous entrons, par l'imagination et les émotions [...], dans d'autres formes de relations et de participations que les nôtres* » (Dewey, 2005 p. 382). La particularité du travail de l'artiste est justement d'interroger avec un regard différent les mondes sociaux dans lesquels il va être amené à agir, c'est par ce regard décalé et sensible qu'il est en capacité d'interroger le contexte et les acteurs sur leur fonctionnement et le sens qu'ils donnent à leur pratique. Mais pour cela, les politiques publiques de la culture doivent aussi assumer leur responsabilité pour aider à structurer ou restructurer la filière. De ce point de vue, une grande politique reposant sur les droits culturels ne peut se faire qu'avec les artistes, mais encore faut-il que ceux-ci puissent continuer à créer.

La deuxième interrogation porte sur la place des établissements culturels dans des politiques publiques de la culture orientées par les droits culturels. Comment peuvent-ils prendre part à cette politique ? La loi LCAP introduit la question des droits culturels et on peut penser que les équipements culturels sauront développer leur action dans une direction qui dépasse la dimension artistique et patrimoniale. Ils seront amenés à s'inscrire dans un projet démocratique plus global orienté comme le suggère Jean-Pierre Saez par la transmission, la médiation, l'appropriation et la participation (Saez, 2017). Toutefois, pour beaucoup d'entre eux, il s'agit d'un changement notoire et non pas d'un simple toilettage de projets auxquels il suffirait de rajouter une dose supplémentaire de médiation. Prendre en compte les droits culturels conduit à envisager un changement dans les modes d'organisation pour ouvrir les lieux sur leurs territoires, en faire des lieux de débats et des lieux ressources pour accompagner des projets dans ce sens. Il en va aussi des modes d'évaluation qui s'imposent aux équipements. Ceux-ci restent aujourd'hui liés à une approche quantitative des publics qui s'arrête à la mesure de la fréquentation. La diversité des publics pris en compte, la valeur des partenariats développés et la pertinence des projets territoriaux ayant beaucoup de difficultés aujourd'hui à apparaître comme une dimension majeure des rapports d'activité produits par les structures (Langeard, Liot et Rui, 2016).

Une troisième interrogation porte sur les logiques de participation envisagées par les droits culturels. L'ambition est bien de renouveler les formes démocratiques et de considérer que chacun est porteur et demandeur de savoir et que la construction du commun est toujours à construire et à réinventer collectivement (Nicolas-Le Strat, 2016). Mais comment envisager ces formes de participation ? Beaucoup d'artistes s'attachent à produire des œuvres partagées en prise avec les contextes et les problèmes des territoires qu'ils rencontrent, mais celles-ci ont pu parfois tenir lieu d'alibi à un déficit de démocratie (Bordeaux, Liot, 2012). Si ces œuvres renouvellent le rapport aux publics de la culture, ces démarches suscitent beaucoup d'attentes et il semble parfois que l'on passe d'un extrême à l'autre : d'un art souvent considéré comme ne servant à rien, il devrait subitement servir à tout. Il est en effet surprenant d'attendre de l'art qu'ils résolvent les problèmes d'insertion, de santé ou encore d'échec scolaire (Pryen, 2004). Ces démarches ont un réel intérêt pour (dé)construire nos représentations du monde, mais la participation à la vie culturelle ne se résume pas à ça, elle est aussi politique. Il s'agit bien dans ce sens d'élaborer ensemble le sens et la mise en œuvre de l'action publique. Mais comment co-construire durablement avec la société civile ? Surtout, on peut s'interroger sur la place accordée aux experts et aux acteurs culturels dans ces débats. Le secteur culturel en effet, en se professionnalisant, s'est aussi spécialisé et autonomisé au point qu'il a semblé, à juste titre, produire des valeurs déconnectées du reste de la société civile. Comment faire aujourd'hui pour éviter l'écueil d'un renversement de tendance qui pourrait facilement s'apparenter à du populisme ?

Enfin, un quatrième point nécessite une vigilance. La mise en œuvre des droits culturels conduit au développement de l'intersectorialité des politiques publiques de la culture. La culture n'est plus envisagée comme un secteur autonome, mais comme étant au croisement d'autres politiques, notamment celles qui concernent l'insertion et l'éducation. Ce changement est sous-tendu par la nécessité de relégitimisation des politiques culturelles au sein de collectivités territoriales et par la recherche d'un lien plus fort avec leurs compétences obligatoires. Cette exigence de rationalisation rencontre les fondements théoriques des droits culturels pour une définition plus anthropologique de la culture et une meilleure prise en compte des capacités et des identités individuelles. Toutefois, on peut se demander dans quelle mesure les droits culturels ne pourraient pas devenir la justification morale d'un assujettissement des professionnels de l'art et de la culture aux objectifs et aux méthodes d'autres secteurs plus légitimes. Les porteurs de projets culturels sont bien souvent sommés aujourd'hui de faire la preuve de l'utilité sociale de leurs actions. Ils se trouvent confrontés à des secteurs aux structures et aux hiérarchies bien plus organisées que celles du secteur culturel constitué d'un monde associatif diffus. Ces nouvelles interactions suscitent des rapports de force et de domination qu'il faut analyser et prendre en compte pour éviter de vider les projets artistiques de leur force et de leur capacité à interroger leur environnement.

Conclusion

Que doit-on attendre de l'introduction des droits culturels dans la loi ? S'agit-il seulement de remplacer un référentiel par un autre ? Peut-on concevoir que l'idéal de démocratisation ait vécu et qu'il soit maintenant nécessaire d'y renoncer complètement ? Il semble au contraire que l'enjeu aujourd'hui des droits culturels consiste non pas à un renversement de principe, mais bien à faire tenir ensemble plusieurs dimensions (Saez, 2017). Il est nécessaire d'articuler des conceptions différentes de la culture, si la seule politique de l'art ne suffit plus à garantir le lien social, les droits culturels ne doivent pas permettre de renoncer à reconnaître la valeur des artistes et des professionnels des arts qui ouvrent les imaginaires, proposent de nouveaux points de vue sur le monde et participent ainsi à ne pas figer nos représentations et notre organisation sociale.

D'une manière plus générale, les droits culturels en appellent à la reconnaissance de la diversité culturelle et au pluralisme à même de renouveler les manières de penser, de favoriser l'échange interculturel et de développer une société plus inclusive et plus démocratique. Le défi apparaît surtout aujourd'hui d'être capable de ne pas renoncer à l'idéal universaliste pour que le dialogue puisse vraiment avoir lieu et pour entretenir et renouveler les valeurs communes.

Bibliographie

Arendt H. (1994), *Condition de l'homme moderne*, Calmann-Lévy.

Bordeaux M.-C., Liot F. (coord.) (2012), « La participation des habitants à la vie culturelle », *L'Observatoire*, n° 40.

Donnat O. (2009), *Les Pratiques culturelles des Français à l'ère numérique*, Enquête 2008, La Découverte/ministère de la Culture et de la Communication.

Fuchs B., Guillon V., Jeandel A.-A., Pignot L., Saez J.-P. (coord.) (2017), « Droits culturels : controverses et horizons d'action », *L'Observatoire*, n° 49.

Henry P. (2014), *Un nouveau référentiel pour la culture ? Pour une économie coopérative de la diversité culturelle*, Éditions de l'attribut.

Langeard C., Liot F., Rui S. (2016), « Ce que le théâtre fait au territoire. Reconfiguration du public et évaluation », *Espaces et sociétés*, 15/4, n° 163, pp. 107-123.

Liot F. (2010), *Projet culturel et participation citoyenne*, L'Harmattan.

Lucas J.-M. (2012), *Culture et développement durable : Il est temps d'organiser la palabre*, IRMA.

Milliot V. (2005), « La pratique artistique comme levier d'universalité ? Petites déconstructions d'une "sécularisation" », *Culture et Recherche*, n°s 106-107.

Meyer-Bisch Ph., Bidault M. (2010), *Déclarer les droits culturels : commentaires à la Déclaration de Fribourg*, Schulthess/Bruylant.

Nicolas-Le Strat P. (2016),*Le travail du commun*, Éditions du commun.

Pryen S. (2004), Injonction à l'autonomie et quête de supports dans les actions culturelles à visée sociale, *inMatériaux pour une sociologie de l'individu. Perspectives et débats* (Caradec V., Martuccelli D. (dir.)), Presses universitaires du Septentrion.

Saez J.-P. (2017), « Les dessous des droits culturels », *in* « Droits culturels : controverses et horizons d'action » (Fuchs B., Guillon V., Jeandel A.-A., Pignot L., Saez J.-P. (coord.)), *L'Observatoire*, n° 49, pp. 5-8.

« LES DROITS CULTURELS SONT VENUS EN OPPOSITION
AU DROIT
À LA CULTURE QUI SEMBLAIT S'ESSOUFFLER »

FRANÇOISE LIOT

Diversité et droits culturels

Karine GLOANEC-MAURIN[1]

La culture est le fondement et le ferment de la démocratie. Parce qu'elle participe à l'émancipation, la dignité et l'épanouissement des personnes, elle a toujours été placée au cœur de notre projet républicain. C'est cette vision même de la culture qui est aujourd'hui questionnée précisément parce qu'elle est le socle du vivre ensemble. C'est la raison pour laquelle la notion de droits culturels, pourtant déjà inscrite dans les textes fondateurs de promotion des droits de l'homme et de la diversité, vient aujourd'hui interroger tout un secteur.

Dès les années 1980, avec la forte impulsion donnée au ministère de la Culture par le président de la République François Mitterrand et son ministre Jack Lang, la promotion du « droit à la différence », un principe défini comme le droit de chaque individu à la reconnaissance de son identité culturelle, permet à la fois la diversification de la création artistique (cirque, arts de la rue, jazz, rock, musiques anciennes et traditionnelles, bande dessinée, mode…) et l'ouverture significative aux cultures et aux créateurs étrangers. « *C'est blesser un peuple au plus profond de lui-même que de l'atteindre dans sa culture ou dans sa langue* »[2].

Cette promotion de la diversité et du pluralisme culturel a conduit la France à demander, au niveau international et plus encore européen, le retrait de tous les biens culturels et œuvres de l'esprit des accords de l'OMC, par la défense farouche de l'exception culturelle. Dans le même temps, le concept de diversité rapprochait la notion de culture « *de sa définition anthropologique comme modes de vie constitutifs de*

[1] Karine Gloanec-Maurin est Haute fonctionnaire en charge de la Diversité au ministère de la Culture.

[2] François Mitterrand, discours de Lorient, 14 mars 1981.

la singularité nationale. La culture n'est plus alors limitée à la vie des arts »[3].

Le théâtre, la danse, la musique, les arts plastiques se sont alors impliqués dans cette démarche d'accès plus large notamment par les arts de la rue et une réflexion sur l'art dans l'espace public. Cette vulgarisation n'éloigne pas les acteurs culturels de l'exigence du sens que porte le geste artistique. L'enjeu ne doit pas être un frein, mais une forme adaptée à notre société. Mais la création artistique contemporaine fait encore trop peu appel à la richesse de la diversité…

Depuis tant d'années, s'est développé un désir festif autour des manifestations culturelles. Le foisonnement du nombre de festivals, les fêtes devenues des événements incontournables pour la vie culturelle « fête de la musique, journées européennes du patrimoine, nuit européenne des musées, nuit de la lecture, journées nationales de l'archéologie, etc. ».

Ce retour dans le temps permet de considérer que la promotion de la diversité est un sujet ancien dans l'histoire des politiques culturelles et il explique aussi l'inscription récente de la liberté de création comme des droits culturels dans la loi[4], qui vient renforcer le droit au respect de la dignité de la personne et à son émancipation et pose pour les établissements labellisés la mission de développer l'accès aux œuvres et la participation du plus grand nombre à la vie culturelle comme une condition de l'exercice de la liberté.

Si ces différentes inscriptions dans la loi sont une réelle avancée, elles doivent cependant être accompagnées d'une volonté politique. Malgré la spécificité du secteur culturel, porté vers la tolérance et l'ouverture aux autres, les constats d'inégalités ou de discrimination sont encore trop fréquents. Existe-t-il un racisme d'omission ou d'oubli[5] ? Les

---

[3] Martigny V. (2016), *Dire la France. Culture(s) et identités nationales (1981-1995)*, Les Presses de Sciences Po, coll. Références académiques, p. 161.

[4] Article 103 – loi n° 2015-991 du 7 août 2015 portant nouvelle organisation territoriale de la République ; article 3 – loi n° 2016-925 du 7 juillet 2016 relative à la liberté de la création, à l'architecture et au patrimoine.

[5] 4 mars 2017, interview de David Bobée dans Scèneweb par Stéphane Capron.

actions vertueuses sont pourtant nombreuses et souvent soutenues par l'action publique, fruit de la volonté d'artistes ou d'acteurs culturels institutionnels ou associatifs dans le spectacle vivant, la lecture, le patrimoine, le cinéma ou les médias. Il faut donc valoriser une action culturelle riche en projets de toutes natures en faveur de l'émergence de la création artistique, de l'éducation artistique et culturelle, de l'action auprès des habitants.

Il n'est pas inutile de rappeler l'année 2005 comme un point de repère dans cette évolution de la lutte contre les discriminations dans le secteur culturel. Il faut se souvenir des troubles dans les banlieues qui ont secoué la France à l'automne de cette année-là, suite au décès tragique de deux jeunes garçons à Clichy-sous-Bois. Le choc a percuté aussi le monde culturel.

De cette colère et de la prise de conscience des conséquences d'une politique de la ville en panne, sont issus des projets culturels qui ont montré le chemin d'une attention indispensable à la diversité des personnes dans ces quartiers. 2005, c'est l'année de la création, par exemple, par de jeunes journalistes, du Bondy Blog, radio participative avec les habitants des quartiers, de l'association1 000 visages par Houda Benyamina visant à faire découvrir les métiers du cinéma aux jeunes des banlieues… C'est la création de la Fondation Culture et Diversité qui favorise notamment l'accès aux écoles supérieures d'art aux jeunes éloignés de la culture, c'est aussi la création du Fonds Images de la diversité financé par le Centre national du cinéma et de l'image animée et le Commissariat général à l'Égalité des territoires qui a aidé la réalisation de plus d'une centaine de courts ou longs métrages par an… Et bien d'autres projets encore dans tout le territoire national. Ces initiatives ont fêté leurs dix ans en 2015.

C'est en 2015 que le ministère de la Culture et de la Communication a créé l'établissement public de coopération culturelle Médicis-Clichy-Montfermeil, devenu en 2017 Les Ateliers Médicis, et dont la mission est d'implanter, sur le site de l'ancienne tour Utrillo, un grand projet architectural, artistique et de transmission culturelle dans les quartiers populaires. En 2015 également, à la demande de la jeune création, interviennent la nomination d'une haute fonctionnaire en charge de la diversité au sein du ministère de la Culture et l'installation du premier Collège de la diversité.

Malheureusement, 2015 fut aussi une année endeuillée par les attentats terroristes qui ont visé la jeunesse, la presse, les intellectuels, les artistes. Dix années s'étaient écoulées… et il est apparu pertinent d'interroger la diversité dans l'institution comme dans tout le secteur culturel. Cela relève d'une mission passionnante et sensible qu'il faut adosser à un objectif simple de lutte contre les inégalités pour ne pas s'égarer ou ne pas susciter de dérives communautaristes. La diversité des personnes, priorité de cette mission, c'est à la fois le respect des différences et la volonté de faire du commun.

Àl'heure où la tentation du repli sur soi, sur des identités figées, devient une menace réelle, il est crucial et urgent que notre politique culturelle s'interroge non seulement sur ce qui fait depuis longtemps sa grandeur, sa générosité, son rayonnement, mais aussi sur des principes et des modes de fonctionnement qui ont pu produire des sentiments d'exclusion. Si la sensibilisation,à travers notamment la politique en faveur de l'éducation artistique et culturelle, et la démocratisation – par l'accès de tous aux œuvres et aux pratiques artistiques – restent les dimensions fondatrices de la politique nationale en faveur de la culture, celle-ci doit nécessairement prendre en compte la diversité des expressions, des territoires comme celle, en premier lieu, des personnes. L'enjeu est fondamental.

Il s'agit de déjouer les injonctions autant que de dénouer les mécanismes d'assignation. Et pour cela, il convient d'envisager la notion de « culture » au-delà et plus largement que la seule notion d'expression artistique.

Ce besoin de reconnaissance a été fortement exprimé lors des nombreux échanges organisés au sein du Collège de la diversité. Le travail de médiation, d'action culturelle ou d'éducation artistique et culturelle a un rôle essentiel dans la politique publique. Ce sont les bases sur lesquelles doit s'établir le respect des droits culturels.

Un *Livre blanc* accessible sur le site du ministère de la Culture présente la mission du Collège de la diversité, le travail effectué pendant une année par ses membres et le cheminement de la pensée qui a conduit aux recommandations de celui-ci. Il présente les constats et les préconisations avec l'espoir que toutes les actions nouvelles du ministère de la Culture soient efficientes pour une véritable lutte contre toute forme de discrimination et d'inégalité au sein de l'institution comme au cœur du secteur culturel dans son ensemble. Personne ne saurait supporter que la culture sous toutes ses formes ne soit pas le ferment du lien social indispensable à la tolérance et l'égalité entre les peuples et que ce ministère n'en soit pas le premier porte-parole.

La *Déclaration universelle des droits de l'homme* adoptée en 1948, inspirée de la *Déclaration des droits de l'homme et du citoyen* de 1789, reconnaît « *la dignité inaliénable de la personne humaine* ». Au lendemain des atrocités de la Seconde Guerre mondiale, cette déclaration a eu pour objet de porter un « *idéal commun à atteindre par tous les peuples et par toutes les nations* ». Le respect de la diversité des personnes se fonde sur ces textes fondateurs. Il a été développé par d'autres déclarations[6], dont notamment la *Déclaration de Fribourg*, référence indispensable à la réflexion menée sur les droits culturels.

Mais ce sont aussi d'une part la *Déclaration universelle sur la diversité culturelle* adoptée par l'UNESCO en novembre 2001 et d'autre part, la *Convention sur la protection et la promotion de la diversité des expressions culturelles* adoptée par les États membres de l'UNESCO, dont la France, en 2005 qui ont accompagné la réflexion du Collège de la diversité.

Cette mission est chargée deveiller à la mise en œuvre de la politique de promotion de la diversité du ministère de la Culture, en interne

---

[6] Préambule de la constitution de 1946 –*Déclaration universelle des droits de l'homme et du citoyen de l'ONU de 1948–Pacte international de l'ONU relatif aux droits économiques, sociaux et culturels* du 16 décembre 1966 –*Déclaration universelle de la diversité culturelle* de l'UNESCO de 2001 – Convention UNESCO pour la promotion et la protection de diversité culturelle 2005 – Conseil de l'Europe : Recommandation de l'assemblée parlementaire du 24 janvier 2012 – Conseil de l'Europe : *Convention de Faro sur la valeur du patrimoine culturel pour la société* de 2005 –*Déclaration de Fribourg* de 2007 – ONU : Les rapports de Farida Shaheed.

comme dans tous les secteurs culturels. Afin de l'inscrire pleinement dans la politique du ministère, elle est associée en interne à la candidature aux deux labellisations AFNOR Diversité et Égalité professionnelle femme/homme portée par le Secrétariat général, qui garantit la promotion de l'égalité d'accès aux œuvres comme l'égalité d'accès aux fonctions pour tous dans la diversité culturelle la plus large pour une politique de lutte contre la discrimination. La mission veille à promouvoir la dimension de la citoyenneté à travers la reconnaissance des spécificités culturelles et des origines diverses en observant l'accès aux nouvelles formes d'art et de culture et objective les situations à faire évoluer dans l'échange et le dialogue, faire vivre les droits culturels. C'est sur cette base que réfléchit le Collège de la diversité en sollicitant les acteurs institutionnels autant que de terrain.

Comment interroger la diversité pour répondre aux pratiques plus individuelles et aux volontés politiques de plus en plus frileuses sur les territoires en réorganisation et en difficulté financière. C'est la question de l'ouverture vers l'autre, du regard bienveillant sur les différences, de nouveaux modèles d'échanges entre les œuvres et les populations qui sont au cœur de la promotion de la diversité. Prêter attention à la promotion de la diversité, c'est d'abord prêter attention à la nécessité de faire humanité ensemble.

Promouvoir la diversité dans le secteur culturel : le livre blanc du Collège de la diversité, Recension critique du document du ministère de la Culture et de la Communication (2017)

Cécile CROCE[1]

« *Pour le Collège de la diversité, la culture sous toutes ses formes est le ferment du lien social indispensable à la tolérance et l'égalité entre les peuples et ce ministère doit en être le premier porte-parole.* »[2]

Le ministère de la Culture et de la Communication publie cette année, en mai 2017, un document de 58 pages au titre prometteur *Promouvoir la diversité dans le secteur culturel.* Ce document s'inscrit comme production de référence du Collège de la diversité qu'il présente en troisième partie, en une dizaine de pages : « *20 personnalités qualifiées renouvelables tous les deux ans (artistes, intellectuels, acteurs culturels)* » et « *8 représentants des entreprises et établissements publics du ministère de la Culture et de la Communication* », ainsi que les représentants de l'administration centrale du ministère de la Culture et de la Communication, membres de droit. Ce *Livre blanc* est un bilan et perspectives d'une année de travail du Collège de la diversité. Ce document est autoréflexif : il situe son propre contexte et définit ses objectifs, fait un état des lieux de la réflexion menée par les groupes de

[1] Cécile Croce est maîtresse de conférence à l'université de Bordeaux, à l'IUT Michel de Montaigne. Cécile Croce est aussi chercheur au laboratoire MICA, enseignante en théories et en pratiques artistiques. De la philosophie à la psychanalyse de l'art, elle développe une esthétique transdisciplinaire de l'œuvre. Elle est notamment l'auteure de « Performance et psychanalyse », L'Harmattan, 2015.

[2] Ministère de la Culture et de la Communication de la République française (2017), « Promouvoir la diversité dans le secteur culturel », *inLe Livre Blanc du Collège de la diversité*, mai 2017, p. 14.

travail qu'il présente. Nous suivrons ici son déroulé en six parties, non pas pour en donner un résumé, mais pour permettre à chaque fois une distance critique selon quelques pistes que nous présenterons appuyées sur le texte, à partir de ses articulations et choix. Nous conclurons avec une synthèse de ces critiques.

L'objectif de ce document apparaît d'abord comme une contextualisation du Collège de la diversité selon son origine, « Une volonté ministérielle », en une première partie qui fait plutôt office d'introduction, avec une citation d'Audrey Azoulay, ministre de la Culture, et un poème de Léopold Sédar Senghor, premier président de la République du Sénégal et homme d'État français, poète et écrivain. Le document s'attache ensuite à situer (politiquement) cette question de la diversité, dans une deuxième partie de cinq pages, intitulée « Promouvoir la diversité ». Si c'est la notion de diversité entendue comme ce qui doit être accueilli pour une France « *patrie de tous les artistes, de toutes les cultures* », et « *contre le repli* », qui est mise en avant dans la première partie, c'est celle de « *culture* », « *socle du vivre ensemble* » qui est développée dans le récapitulatif de la seconde partie. La culture, présente le texte, est le « *fondement et le ferment de la démocratie* », « *au cœur de notre projet républicain* », non seulement par la sensibilisation et la démocratisation de la culture, mais aussi par la prise en compte de la diversité et cela sur trois axes (qui seront développés plus tard dans le texte) : la diversité des territoires, la diversité des personnes (ou des acteurs), la diversité des pratiques (ou des expressions) – nous gardons donc à l'esprit ce triple souci ici annoncé. C'est ainsi dans sa dimension politique (démocratique) que la culture telle que fondée sur la diversité est envisagée, avec des « textes fondateurs » comme la *Déclaration universelle des droits de l'homme* (1948), la *Déclaration universelle sur la diversité cultuelle* (UNESCO, 2001), la *Convention sur la promotion de la diversité des expressions culturelles* (UNESCO, 2005).

Dès le départ, le texte ouvre sur la question des « *principes et des modes de fonctionnements qui ont pu produire des sentiments d'exclusion* » (et on attendrait ici un recul critique sur « notre politique culturelle ») et sur les dysfonctionnements dans notre société dont témoignent « *les troubles dans les banlieues* » et les attentats terroristes : deux dates (2005-2015) forment ainsi le cadre d'une série de projets culturels qui mettent l'accent sur la diversité (le Bondy Blog de l'association 1 000 visages ; « Images de la diversité » du CNC ; la Fondation Culture et Diversité). *Remarquons* ici que la question de la diversité est posée à l'horizon d'une urbanité qui aurait failli, c'est-à-dire qu'elle restreint le territoire national à ses zones urbaines, comprenant bien sûr les banlieues. En 2015, les initiatives du ministère de la Culture et de la Communication sont relevées, en sus du Collège de la diversité, ainsi les futurs Ateliers Médicis. Bien entendu, ces points forts des politiques culturelles sont resitués historiquement, à partir de la promotion du « *droit à la différence* » par le ministre Jack Lang et l'inscription dans la loi de la liberté de création comme droit culturel. Le « vivre ensemble » devient tête de chapitre. (*Nous nous interrogerons* avec la suite du texte sur la teneur de telle diversité selon un avènement du Tout culturel). En particulier, la candidature du ministère de la Culture et de la Communication aux deux labellisations AFNOR, Diversité et Égalité professionnelle femmes/hommes est soulignée.

Ce *Livre blanc du Collège de la diversité* est ainsi annoncé : « *Il présente les constats et les préconisations avec l'espoir que toutes les actions nouvelles du ministère de la Culture et de la Communication soient efficientes pour une véritable lutte contre toute forme de discrimination et d'inégalité au sein de l'institution comme au cœur du secteur culturel dans son ensemble* » (p. 14). Le ton est donné : le Collège de la Diversité a ici pour mission le souci du respect de la diversité à partir des acteurs culturels inscrits comme tels (de l'institution, du secteur culturel). Il s'agit d'un point de départ important pour une réflexion sur la mise en place d'actions (comment en effet, *dirions-nous*, conduire à la tolérance et à la reconnaissance de la diversité directement dans et avec les peuples ? Comment travailler « en direction des publics éloignés de la culture » ?)

La suite du texte présente donc, dans une troisième partie, la composition « paritaire et diverse » du Collège de la diversité, ainsi que ses missions « *inscrire dans la politique du ministère la promotion de l'égalité d'accès aux œuvres et aux pratiques comme l'égalité d'accès aux fonctions pour tous, dans la diversité culturelle la plus large pour une politique de lutte contre les discriminations* » (p. 22). Dans cette partie, des pistes de travaux identifiées comme missions principales du Collège de la diversité ou comme éléments de sa « feuille de route » sont dégagées. Mentionnons notamment : l'identification et la reconnaissance de « *pratiques artistiques nouvelles et minorées* » (« Inclusion et citoyenneté ») ; une prise de conscience des représentations postcoloniales et du « Récit de la Diversité » qui implique d'associer à ces réflexions les territoires d'Outre-Mer. Ces deux pistes de travaux seront détaillées dans la partie suivante ; associées à la « Mesure de la Diversité », elles feront l'objet de trois groupes de travail.

La quatrième partie titrée « Préconisations et actions » liste dans un tableau six préconisations illustrées par des « *exemples d'actions mises en place par le ministère de la Culture et de la Communication (janvier 2016-2017)* » : l'accompagnement à l'accès aux formations supérieures artistiques ; l'adaptation de la médiation culturelle aux enjeux de la mondialisation et du numérique, les lieux de culture s'inscrivant comme lieux de rencontre ; la valorisation de la relation amateur/professionnel ; le renforcement du soutien aux associations qui accompagnent les projets d'actions culturelles ; la création d'outils comme le guide des experts de la diversité de France Télévision ; le travail en collaboration avec le CSA sur la démarche statistique. À partir de ces préconisations, les réflexions des trois groupes de travail sont détaillées.

La « Mesure de la Diversité » rencontre la difficulté de trouver les moyens de cette mesure tandis que la loi interdit d'effectuer des statistiques ethniques : des outils prenant en références l'enquête « Trajectoires et Origines » (INSEE et INED 2009), le baromètre de la diversité du CSA, le guide des experts de la diversité de France Télévision sont convoqués ; des propositions comme la mise en place de contrats d'objectifs et de moyens en direction de formations artistiques (qui seraient alors labellisées « Diversité »), la création de circuits parallèles d'accès aux formations artistiques et la prise en compte du respect de la diversité dans les sélections aux concours des grandes écoles sont formulées. *Nous remarquons* que la présentation de ce groupe de travail, fondé sur la question des repérages ethniques, concerne principalement la diversité liée à la fois aux personnes et aux territoires.

C'est aussi l'objet du second groupe de travail « Récit et sémantique de la diversité » qui pointe « *l'histoire coloniale et aujourd'hui toutes les histoires de territoires de notre République* » afin de « *parvenir à une conception décentrée de l'histoire* ». Les actions proposées sont ici la valorisation des artistes « issus de la diversité » ou œuvrant pour un projet de diversité, ainsi que trois pistes pour les formations : favoriser les thèmes relatifs à la mémoire ; inscrire un apprentissage du respect de la diversité, rendre accessibles les langues de France. Remarquons que, nonobstant une proposition en exergue de définitions de la diversité (dans un glossaire), les pistes d'actions sont ici orientées sur les diversités ethno-culturelles des peuples de France et la nécessité de leurs reconnaissances. Nous remarquons qu'il n'est pas mentionné dans le texte les autres définitions de la diversité, ces autres considérations sans lesquelles des « manques de reconnaissance », exclusions et souffrances sont en jeu sous la « fossilisation » des mots et des récits, qui seraient considérées à partir d'autres marqueurs de l'identité : l'âge, le sexe, la nationalité, la situation socio-économique, ainsi les diversités identitaires sortant des catégories préétablies (Actif/Inactif, Valide/Handicapé, Homme/Femme par exemple). Sans doute, l'établissement de ce glossaire de la Diversité permettra d'étoffer de perspectives d'actions la phrase d'Emmanuel Levinas citée : « *Il n'est pas banal de dire que nous n'existons jamais au singulier* » (p. 30).

Le troisième groupe de travail, « Inclusion et Citoyenneté », met en avant la diversité culturelle (protection des œuvres des lois du marché, UNESCO, 2005) ouverte au respect à la différence par les droits culturels (notamment à partir des débats sur la loi NOTRe, loi du 7 juillet 2016 relative à la création, à l'architecture et au patrimoine). Le travail pour « Inclusion et Citoyenneté » se fonde sur la consultation de structures culturelles qui soulèvent la nécessité « *d'un changement général d'objectifs et de moyens définis pour le fonctionnement de ces lieux afin de pouvoir mieux répondre à l'attente de la population et permettre à chacun de vivre des expériences artistiques* ». L'accent sur la politique des publics et la médiation est relevé avec des exemples d'expériences menées dans des structures culturelles, l'idée de relais par des chaînes télévisées de qualité, la mention de la question budgétaire et des propositions d'actions en adéquation, évoquant même la possibilité de proposer pour les lieux de culture des actions qui sortent du seul champ artistique (à l'instar du « 3e lieu » en bibliothèque). Cet axe de travail apparaît s'inscrire dans celui de la diversité des pratiques. *Nous remarquons* qu'il ne mentionne pas nettement la diversité des acteurs liés à ces pratiques, à savoir : la diversité des pratiques artistiques et culturelles en jeu portées non seulement par des structures culturelles, mais par des artistes sollicités en partenariat avec d'autres acteurs (médiateurs, animateurs, responsables de structures, tandis que certaines institutions aujourd'hui préfèrent parfois d'autres termes à celui de « médiation », comme « pôle des attentions »).

Cette partie se poursuit avec une présentation de synthèse des auditions de neuf écoles d'art (sur la question de l'accès des jeunes éloignés de la culture dans leurs établissements) ; des associations d'éducation populaire (et de leur éloignement du secteur culturel, « Peuple et Culture », FNARS) ; des élus locaux (avec la FNCC, proposant un rapprochement avec la réflexion sur le réchauffement climatique ; avec le projet culturel Rennes Métropole présenté par la sénatrice Sylvie Robert : la fabrique citoyenne « Hôtel Pasteur » et les « dimanches à Rennes »). Il nous semble qu'effectivement une étude plus serrée des projets innovants menés pourrait être à même de dégager les voies possibles inventées par les acteurs culturels de terrain (y compris les artistes) pour favoriser la diversité et l'implication active des publics – mais non pas forcément leurs conditions (ce qui n'irait pas, on en convient, sans risque d'échecs partiels à l'accomplissement total, visible, immédiat des objectifs –, mais n'est-ce pas là le prix de la création en partage, de la diversité artistique pour la diversité culturelle ?). En particulier, il nous semble intéressant de détailler et analyser les expérimentations menées dans cet « Hôtel à projets » de Rennes afin d'ouvrir aux différentes « pratiques artistiques » ou d'expression en jeu.

La cinquième et dernière partie présente les « Perspectives » en une page suivie d'exemples d'actions portées par le ministère de la Culture et de la Communication. Elle mentionne le « *foisonnement d'actions* » s'emparant de sujets discriminants dans les champs de la création (et de toutes disciplines artistiques et culturelles), de l'action culturelle, de la formation. Face à ces « *atouts* », les « *points de faiblesse* » relevés sont : la représentation de la diversité dans le secteur professionnel, la difficulté d'accès des personnes éloignées de la pratique artistique, l'ouverture aux formes artistiques inédites « *notamment par le numérique* ». Remarquons que les « *faiblesses* » sont considérées comme ce qu'il reste à faire (ou à penser) en termes d'objectifs et non comme les éventuelles taches aveugles de la présente réflexion. Encore une fois, le détail des exemples d'actions proposés non seulement par leurs contenus (articulés aux questions de la diversité), mais aussi et surtout par leurs processus de mise en place, leurs déroulements, leurs implications, aurait été sans doute extrêmement enrichissant pour la réflexion portée par ce *Livre blanc* (mais, certes, moins synthétique). Le document se clôt par les « Remerciements » (« *aux personnalités qualifiées, directrices et directeurs d'établissements publics très engagés pour la promotion de la diversité* » ; personnalités du ministère de la Culture et de la Communication, institutions culturelles, artistes, acteurs culturels, syndicats).

En conclusion critique, nous retenons de ce document (entre autres) que les trois axes de réflexion et de travail portent beaucoup sur, d'une part, la diversité des personnes et des territoires (de France) et d'autre part sur la diversité des pratiques. La diversité des personnes n'est pas vraiment considérée comme une rubrique spécifique, non plus la diversité des territoires. Les questions croisées de diversité des personnes et des pratiques (de quelle culture parle-t-on ?) ou encore celle de diversité des pratiques et territoires (et de quel territoire,y compris territoires artistiques et culturels, parle-t-on ?) ne sont pas abordées. Il manque la (ou les) définition(s) de la diversité (annoncée dans la perspective de l'élaboration d'un glossaire) ; ainsi que la définition de la culture en parallèle ou vis-à-vis avec l'art. Peut-être une réflexion sur les raisons des difficultés à mesurer la diversité, à savoir non pas lister les objets des stigmatisations, mais remonter aux conditions de fabrication de ces stigmatisations et exclusions, à l'instar de celle ouverte par le groupe de travail « Récit et sémantique de la diversité » serait à développer en ses différents axes. Les pratiques artistiques singulières (quelles sont les « pratiques artistiques nouvelles et minorées » ?), voire novatrices en ce qui concerne la création du commun, sont évoquées ; les conditions de leur reconnaissance, de leur acceptation ne sont pas particulièrement analysées ici (bien que des exemples concrets d'actions artistiques soient cités) – elles pourraient pourtant peut-être permettre de trouver des éléments de réponse à la préoccupation d'un travail directement dans et avec les publics et donner à ce bilan une note positive. Nous relevons avec bonheur que ce *Livre Blanc* qui commence par présenter, parmi les travaux de réflexion menés, ceux du groupe « Mesure de la Diversité » (et ses difficultés), se termine en ouvrant les perspectives par des pratiques artistiques et culturelles et le souci des « publics » – des personnes.

DOSSIER : LES DROITS CULTURELS À L'ÉPREUVE DE LA PRATIQUE

Entretiens

Des droits aux devoirs culturels

Entretien avec David BOBÉE du collectif Décoloniser les arts

Pour ce numéro spécial des *Cahiers de la LCD* – Lutte Contre les Discriminations– autour des droits culturels, nous avons voulu qu'un point de vue artistique, militant et réflexif soit versé à l'analyse générale. Pour cela, nous avons contacté le collectif Décoloniser les arts, tant il semble évident que sur ces questions, il est devenu incontournable. Selon leur propre présentation, « *Décoloniser les Arts est une association composée de comédiens et comédiennes, auteurs et auteures, metteurs en scène et metteures en scènes, chorégraphes, personnels agissant dans l'audiovisuel, journalistes culturels issus des minorités, de plasticiens, nés et vivant dans toutes les régions de France. Ils/elles se sont donné pour objectif d'interroger les milieux culturels en France sur l'infinitésimale présence d'artistes issus des populations minorées sur les plateaux de théâtre et de danse, à la télévision, au cinéma et dans les arts plastiques. Ils/elles désirent également interroger les récits dominants dans les théâtres et souhaitent contribuer à une meilleure représentation de pans entiers de l'histoire de notre pays, qu'il s'agisse des siècles passés ou du contemporain* ».

C'est David Bobée qui fut notre premier interlocuteur. Depuis septembre 2013, David Bobée dirige le Centre Dramatique National de Normandie-Rouen, premier CDN à vocation transdisciplinaire. Engagé dans une recherche théâtrale originale, il met en œuvre conjointement scénographie, écriture dramaturgique, travail du son, de l'image et du corps. Ses créations mêlent le théâtre, la danse, le cirque, la musique, la vidéo, la lumière et se jouent partout en France et à l'étranger. David Bobée est membre du Collège de la diversité, mis en place en décembre 2015 par la ministre de la Culture, Fleur Pellerin, à la suite des Assises de la diversité, qui visaient à identifier les bonnes pratiques dans la culture. Il est aussi initiateur, notamment avec le comédien Yann Gael, la romancière Gerty Dambury ou la chercheuse Françoise Vergès, de l'association Décoloniser les Arts, créée en décembre 2015 « *par des artistes et des professionnels du monde de la culture* », qui tient sa première réunion publique en avril 2016 au théâtre de Chaillot. Dénonçant plus particulièrement « *le racisme du théâtre français* », il soutient que « *la langue ne doit pas être excluante* » et défend une approche intersectionnelle de la diversité, et la mise en place de quotas ethniques. En mai 2016, David Bobée, avec Yann Gael et pour le compte du collectif, publie sur le site Télérama.fr une tribune titrée *Les Molières de la honte* dénonçant la sous-représentation des personnes issues de la diversité parmi les nommés lors de la 28e cérémonie des Molières.

***Les Cahiers de la LCD* : Bonjour David, et merci de nous accorder cet entretien. En quelques mots, pourrais-tu revenir sur le collectif Décoloniser les arts ?**

Décoloniser les arts est un collectif d'artistes, de penseuses, de penseurs, d'actrices, d'acteurs, dans le champ artistique et culturel. Nous sommes un collectif mixte, c'est-à-dire que nous sommes composés de femmes et d'hommes, mais aussi de blancs et de non-blancs. À ce propos, nous refusons l'appellation de « non-blanc.he », car on ne peut pas, selon nous, définir quelqu'un par une négation. On lui préfère le terme de racisé.e, même s'il reste un terme compliqué du fait qu'il puisse toujours être entendu comme une essentialisation de la personne à travers son phénotype. Mais le terme de racisé.e, c'est-à-dire une personne victime de racisme ou qui peut l'être, comporte une violence que l'on ne souhaite pas non plus cacher. S'il y a des racisé.e.s, c'est qu'il y a des personnes et à travers elles, un système pour raciser des individus. Il s'agit probablement d'un mot transitoire que celui de « racisé.e », en attendant certainement de mieux nommer cette violence dont il est question. Toutefois les mots sont importants dans la lutte contre les discriminations. Notamment tant qu'il y aura des violences racistes. Ces personnes discriminées : pourquoi le sont-elles ? Pas par manque de talent, pas par manque de formation disponible, mais parce qu'ils et elles sont confronté.e.s à tout un ensemble de problèmes liés à leurs origines ethniques, à leurs couleurs de peau, ou plutôt à ce qui est projeté dessus en termes de représentations, de croyances…

Collectivement, on s'est rendu compte que pour analyser cela, on manquait d'à peu près tout. On est dans un pays sans recensement ethnique par exemple, ce qui ne permet pas d'études des publics, ou des artistes en scène.

Nous nous sommes donc dit qu'il fallait pallier ce manque, qu'il fallait des chiffres : donc on a compté. On a compté la part de personnes racisé.e.s dans les distributions, parmi les artistes invités, dans les différents centres nationaux, etc. Et le constat est affligeant. On est entre 4% et 10% de personnes racisé.e.s en fonction des lieux observés. Et encore, quand on a débuté le comptage, on prenait en compte pêle-mêle les spectacles français et étrangers. Or, un spectacle de danse coréen donnant une représentation, ce n'est pas pareil qu'une compagnie nationale. Le comptage s'est fait par ce qui s'appelle l'hétéro définition, c'est-à-dire que c'est de l'extérieur que s'est effectué le comptage, du moment où l'on percevait une personne comme « non-blanche ».

À partir de là, on a voulu mettre sur pied des diagnostics et des préconisations. Évidemment, on aurait préféré réaliser une enquête par autodéfinition ethnique des personnes concernées, mais cela n'est pas possible en France. Je le disais, si on enlève le cirque coréen, des danses africaines, etc., il ne reste pas grand-chose de la présence des enfants des guerres de France, des migrant.e.s, de la visibilité de la descendance racisée, colonisée. Cela pose un vrai problème. Car en s'appuyant sur les chiffres de l'INSEE, on se rend compte que 30% de la population française n'est pas blanche. Je ne compte pas que les étranger.e.s et les migrant.e.s, mais aussi l'ensemble des personnes françaises « non-blanches ». Ce qui en fait hurler certains, comme l'extrême droite. Mais pourtant, les politiques efficaces en termes de lutte contre les discriminations ne peuvent se mettre en place qu'ainsi : en prenant compte de la diversité de la population ! On a donc besoin de représentativité et c'est de ces constats que nous sommes partis.

Prenons par exemple les mesures effectuées par le CSA (Conseil Supérieur de l'Audiovisuel). Il y a, selon le CSA, 14% de « non-blanc.he.s » à la télévision. Ce n'est pas si mal si on compare avec d'autres espaces de représentations, mais ce n'est pas assez. De plus, dans les 14% de rôles d'acteurs/trices perçu.e.s comme « non-blanc.he.s », on estime que 75% ont des rôles perçus comme négatifs : soit socialement (des éboueurs, des caissières) soit moralement (des prisonniers, des personnes violentes). Ceci raconte un endroit de notre imaginaire ou plutôt cela interroge sur la manière dont on voit le corps racisé. La représentation coloniale est nourrie par des siècles d'esclavage et de colonialisme et notre imaginaire en est pétri comme ces chiffres en témoignent.

Par exemple, pour les Molières (*cf.* encadré), nous ne pouvions pas ne pas écrire cette tribune. C'était irresponsable. Une seule personne racisée sur 87 était proposée aux votes. On a aussi organisé une manifestation pacifique (« Les Molières racistes ? »), car on avait le sentiment que le corps racisé n'était qu'un corps exotisé, invisibilisé, animalisé et pas qu'au théâtre, même si c'est là que j'évolue et que j'y suis particulièrement sensible.

Nous, collectif militant anti-raciste, nous nous servons de la culture comme terrain d'action. On ne veut pas seulement plus de noir.e.s sur les plateaux. On pense qu'une plus grande et une meilleure visibilité est constitutive d'un peuple. C'est symbolique des personnes qui le composent. Dire cela, c'est également rendre visible la présence de communautés privées des moyens d'expression. Si on ne voit pas ça, selon moi, on va dans le mur ! Car la culture se transmet, s'enrichit : c'est ça qui fait peuple. Si 30% des personnes aujourd'hui en France ne se sentent pas représentées, le communautarisme est alors un risque bel et bien présent. Je n'ai rien contre les communautés, mais le risque des confrontations culturelles dans un même pays est réel ! Il faut du commun, et la culture y participe pleinement.

À Décoloniser les arts, vous avez pris exemple sur des modèles de mouvements étrangers ? Vous avez importé des notions, des objectifs ?

Nous nous sommes inspirés des modèles nord-américains, évidemment des apports liés aux multiculturalismes, mais aussi aux tentatives de transculturalisme canadien qui sont passionnantes. Mieux connaître sa population pour mieux adapter les politiques, voilà un réel point d'appui. Et puis nous nous sommes aussi référés aux mouvements noirs américains, même si je ne suis pas au sein du collectif, le plus spécialiste de la question.

Mais on ne peut pas tout transposer, on a une histoire particulière, on a aussi des responsabilités du fait de notre passé, nous ne devons pas agir par culpabilité, mais en responsabilité. Et puis nous sommes dans une pensée encore très universaliste. Il est alors très difficile de créer des outils de lutte contre le racisme, car on crée, dans la tête des personnes qui sur-utilisent des symboles comme la laïcité ou la République, des peurs irréelles. On nous renvoie par exemple fréquemment que ce que nous faisons est du racisme inversé, ou bien que cela génère du racisme, etc. On dit la même chose de la lutte contre l'homophobie. C'est vrai que ce sont des rapports de domination qui bougent peu, mais on a tout de même quelques moyens d'action, et il faut les prendre, s'en saisir.

Certaines personnes en France se croient héritières de valeurs comme celles de la laïcité ou de la République et les voient comme des mausolées de marbre, comme des valeurs intouchables. Mais c'est faire mourir ces valeurs que de les croire figées. Donc on se doit d'inventer de nouveaux outils, à différents endroits, pour affirmer que ce chiffre de 30% de la population qui n'est pas blanche n'est pas fantasmé et que ces personnes ont droit à la représentativité, au-delà des critiques !

Cette méthode qui consiste à transformer toute politique d'égalité en soi-disant communautarisme, c'est la meilleure façon de défendre les privilégiés, les dominants. Or, ce qu'il faut comprendre c'est qu'il n'y a pas de majorité en France : ceux qui se pensent majoritaires sont statistiquement minoritaires. Ce sont ceux qui s'imposent comme le neutre et qui par là même kidnappent des valeurs comme la laïcité en disant « il faut se ressembler ». À Décoloniser les arts nous préférons rendre visible les différences. Décoloniser c'est aussi déconstruire ces modèles de dominations y compris dans notre vocabulaire, dans nos imaginaires.

Y a-t-il des supports culturels plus hermétiques que d'autres à vos réflexions ? Y a-t-il des arts qui permettent plus facilement de faire passer vos messages ?

C'est simple, plus on approche une culture dite « noble » moins on y trouvera des noirs ou des Arabes. Il en est ainsi de l'opéra, du théâtre de répertoire, car il y est question de parole, de récits, de notre langue, d'intelligence… D'autres arts, plus populaires, sont relativement plus ouverts, les arts du mouvement et de la musique. Les endroits du corps et du rythme sont concédés au corps racisé dans un imaginaire essentialiste. Et encore il y a les danses classiques et les danses contemporaines ; les musiques qui s'écoutent assis et celles que l'on écoute debout. Comme autant de fractures culturelles entre ce qui exclut ou inclut les populations minorées. Le manque cruel d'acteurs/actrices « non-blanc.he.s » dépasse la question du théâtre. Regardez ce qui se passe à l'école, lors des sorties scolaires : que se passe-t-il si des élèves issu.e.s des immigrations ne voient que des personnes blanches à l'opéra par exemple ? Ils se demanderont : est-ce ma culture ? Ai-je une place dans cette culture-là ? Et quand dans la salle il n'y a que des blancs, il s'opère une violence symbolique en termes de représentativité, de visibilité. Il va falloir que l'on m'explique quel est le sens dramaturgique de n'avoir qu'une seule couleur de peau dans un collectif composé pourtant de nombreux acteurs et actrices ? Les responsables artistiques ou culturels se disent qu'ils ne sont pas responsables du manque d'acteurs et d'actrices de couleurs, que le théâtre classique limite les possibilités de rôles, ce sont de fausses excuses pour justifier l'injustifiable : la volonté consciente ou inconsciente d'exclure « l'autre » d'une culture commune. Mais le racisme d'omission se loge précisément là où l'on oublie celles et ceux qui manquent. Nos imaginaires sont ainsi formatés par des siècles d'histoire : un noir sur scène et l'on se dit

« pourquoi y a-t-il un noir, quel est le sens dramaturgique de sa présence » ? Et s'il n'y en a aucun, son absence ne pose aucun problème et on oublie même de se poser la question : « quel est le sens pour le metteur en scène de ne travailler qu'avec des blancs ? ».

Les artistes convoquent aussi des récits qui sont tout aussi blancs, les équipes permanentes sont blanches, et à quelques exceptions près, les personnes racisées sont au ménage ou à l'accueil (l'accueil pour les femmes et la sécurité pour les hommes). Cela raconte une société. Dans les postes de direction, allons plus loin, les personnes blanches sont omniprésentes. Et qui découvre les artistes ? Qui subventionne les arts et la culture ? Qui expertise les œuvres ? Des comités, des services culturels des régions, des villes, des départements, des DRAC, des comités d'experts, qui sont à 99% des blancs. Il n'y a pas de possibilité de nommer des non-blancs à des postes d'experts ou dans des conseils d'administration ? Cela raconte quelque chose de problématique dans notre imaginaire collectif. Nous, nous voulons faire apparaître ce racisme d'omission, sans reproche, mais dans une volonté d'action.

Vous parlez de discriminations, de diversité, mais les droits culturels sont-ils un concept que vous utilisez ?

Je parle plutôt, quant à moi, de devoirs culturels. Le problème des droits culturels c'est que c'est un outil trop ouvert. Tout le monde se précipite dessus depuis quelque temps, mais il n'y a pas de définition facile de ce terme. La dimension pratique de cet outil reste un impensé. On a le meilleur comme le pire dans les droits culturels. Je préfère donc réfléchir en termes de devoirs : s'il y a des droits culturels, qui a des devoirs culturels ?

Je diviserai les devoirs culturels en trois sortes :

Le devoir d'éducation, d'initiation, de formation, des plus jeunes notamment. C'est là que l'école intervient, comme l'institution familiale. Toutes les personnes qui interviennent du côté de la culture et de l'apprentissage doivent partager ce devoir.

Un devoir d'accessibilité aussi. Il serait temps que depuis la loi de 2005, les œuvres et les bâtiments soient réellement accessibles. Il existe pourtant des systèmes de traduction, de transmission peu onéreux : il faudrait que les œuvres soient enfin accessibles aux 12% des personnes handicapés. Mais il n'y pas que la question du handicap physique, mais aussi celle des empêchements, des éloignements (linguistiques, liés aux origines, la ruralité, la classe sociale, culturels, psychologiques, etc.).

Et puis le dernier devoir, c'est le respect des diversités. La mixité femmes-hommes d'abord, la parité nette ; pas celle qui vise juste à une meilleure représentation. Programmer ou produire à parité c'est le choix d'une personne, pas d'un système. L'histoire de l'art est faite par les hommes, mais dans la culture contemporaine, c'est possible ! Très souvent on nous oppose qu'on retrouve moins de femmes pour faire des productions dans des grands plateaux. Mais il n'agit pas d'une question de talents, mais une question d'opportunité. On les prive d'opportunités. Si nous ne faisons rien, le patriarcat peut être tranquille. Les femmes doivent être beaucoup plus douées que les hommes pour y arriver dans ces conditions ! Elles doivent lutter.

Il en est de même pour la diversité ethnique. Si 30% de la population n'est pas blanche, elle doit être représentée. Et enfin, diversifier les récits et les esthétiques. Il ne faudrait plus que l'esthétique de la classe dominante soit la seule à être montrée. Cela passe aussi par décoloniser notre regard.

Horizontalisons les choses pour honorer les droits culturels, voilà une belle promesse à tenir !

La notion de discrimination est dans le paysage de vos actions : comment appréhendez-vous les phénomènes discriminatoires ? Aussi, la notion de diversité revient souvent dans vos écrits : d'après vous en quoi la diversité est-elle un levier efficace pour décoloniser les arts ? Entrevoyez-vous des limites à la diversité, qui peut parfois se limiter à un outil communicationnel ?

Nous parlons d'un phénomène systémique quand on parle de discriminations, pas de cas personnels. C'est assez clair. Notre but, c'est d'agir sur la cité, de lui faire prendre conscience des inégalités vécues par les racisé.e.s. Quant au terme de diversité, il faut accepter d'avoir des « mots étapes » et la diversité est un mot étape. C'est un mot commun, un vocabulaire qui ne dit pas tant la diversité que son absence, son manque. On connaît bien les ambivalences de ce mot, son utilisation parfois erronée. Parler de diversité, c'est montrer l'ensemble de la population, y compris les hommes blancs. Ce terme-là est juste si on arrête de ne nommer par « diversité » que les « non-blanc.he.s ». Il ne faudrait pas que le mot de « diversité » serve à mettre en périphérie de la société les homos, les trans…

Si l'on prend cette question du côté de la réception, vous en appelez à une ouverture des imaginaires et des représentations afin, là encore, de décoloniser les arts : comment réellement et durablement changer ces représentations du côté du public ?

Si on met des « non-blanc.he.s » sur le plateau, cela ne va pas forcément diversifier le public dans l'immédiat, car il faut récréer une habitude culturelle. Mais c'est sur le long terme qu'il faut évaluer cela.

Ce que je sais, c'est que s'il n'y a que des blanc.he.s sur scène, le public ne se diversifie pas. Donc il faut faire cette hypothèse du changement à long terme, pour que la culture des racisé.e.s soit aussi ici, sur scène, dans une culture commune.

Après, du côté des représentations, on le dit souvent, ça se joue dès l'école. Quand même : de voir de la diversité dès le plus jeune âge, cela joue sur l'acceptation de cette diversité par le public blanc.

Pour les personnes concernées, cela donne le sentiment d'appartenir à la normalité. Quand on voit une représentation de la diversité, il se passe quelque chose. On se dit : ma place est peut-être là, au centre d'une scène, au cœur d'une culture, d'une société. Cela normalise le mélange culturel qui est la France d'aujourd'hui ! Et les publics applaudissent ensemble une culture commune.

Tous les publics ne doivent pas non plus être uniformisables : comment adapter vos combats aux différents publics ?

Dans les QPV – Quartiers Prioritaires de la Ville, il y a des professeur.e.s héroïques. On travaille avec eux et on se sert de leurs projets comme des relais forts, nécessaires. Avec ces relais, on accompagne des classes sociales pauvres, racisées. On ressent une envie des enseignants, mais aussi une méfiance, il ne faut pas le nier, ainsi qu'une défense, même des gamins. Ils se disent « ce n'est pas pour moi », « ça ne me concerne pas ». Ça peut commencer par « c'est quoi ce truc de pédé », mais je me souviens d'un stage qui s'est fini par des gamins qui se pleuraient dans les bras. C'est vrai qu'il y a un manque de moyens et que la démocratisation culturelle souhaitée n'a pas complètement eu lieu, mais il y a plein d'énergies, plein d'initiatives locales qui permettent bien des fois de donner accès à la culture, aux cultures. Le territoire est maillé de structures qui prouvent que l'on peut le faire. Dans les nouvelles directions il y a une envie de partager d'embrasser des devoirs culturels, de respecter les populations, je le vois bien.

Les droits culturels sont aussi en forte résonance avec les questions de réappropriation culturelle : pouvoir parler de son expérience du point de vue des personnes concernées, est-ce que cela est un point de départ pour votre action ?

On en parle beaucoup. Où est-ce que cela commence, où est-ce que cela s'arrête ? C'est cette question de la définition qu'il faut poser d'abord. Ici, ce n'est pas un brassage des cultures dont il est question, cela a toujours existé, évidemment, et d'ailleurs l'histoire de l'art ne dit que ça, l'ouverture, les échanges commerciaux, la diversité... Nous sommes dans des brassages multiples. Il ne s'agit donc pas de réappropriation culturelle si un danseur congolais fait de la danse contemporaine. On a un droit à la pratique et un droit à la création culturelle. Mais quand on ne cite pas les origines d'une culture, en croyant qu'une culture a été inventée là, à cet instant, par un homme (blanc) tout seul, alors qu'elle a été spoliée, c'est une domination culturelle et c'est une invisibilisation.

C'est compliqué, car il ne s'agit pas de dire systématiquement « tu me voles ma culture », mais il faut comprendre ces phénomènes, au sens de l'invisibilité notamment. Cette domination est insupportable, car elle est non consentie.

Merci David !

« Les Molières de la honte » publié le 20 mai 2016 dans *Télérama*

Lundi 23 mai se tiendra à Paris la cérémonie des Molières 2016, destinée à récompenser les meilleur.e.s artistes du théâtre public et du théâtre privé français. Dans la catégorie acteurs et actrices nommé.e.s (34 au total) combien de noirs, d'Asiatiques, d'Arabes, de Maghrébins, de Latins ?

Zéro. Que des blancs.

Des Molières désespérément blancs. Sur plus de 86 artistes nommé.e.s dans 19 catégories, on compte en tout et pour tout : 1 seule artiste issue « de la diversité », dans la catégorie humour. Parmi les metteur.ses en scène nommé.e.s ?

Zéro. Que des blancs

Que des hommes.

De l'espoir du côté des auteurs francophones ? Il y aura bien quelques noirs ? Arabes ? Asiatiques ? des auteurs venus de Guadeloupe, de Martinique, de Guyane, La Réunion, du Congo, du Togo, d'Algérie, de Tunisie, du Vietnam ou d'ailleurs ?

Zéro.

En 2016, les Molières sont donc monochromes : reflet du milieu théâtral, artistique et culturel français, reflet d'une société qui tourne le dos à une partie d'elle-même et s'étonne que certains puissent s'éloigner.

Les Molières sont coupables d'un sale racisme d'omission.

Lors de la cérémonie 2015, des voix et des articles de presse avaient déjà dénoncé l'absence de diversité dans le palmarès des interprètes. Et suite aux récents débats sur la diversité culturelle, il est étonnant qu'ils aient pu ignorer ces problématiques cette année encore.

Molières, labélisés saison blanche. À nouveau.

Un racisme d'omission qui choque par cette réitération.

85 + 1.

Silence.

De la profession.

Le dernier non-blanc à recevoir un Molière était Jean-Michel Martial en 2004.

Il y a 12 ans.

N'est-il pas temps de récompenser un théâtre pour tous de tous ? Tous les Français ? Bleu Blanc Rouge, inclusif des couleurs de la société française ?

Oui, on aurait espéré un symbole. Oui, venant de la Culture, cela aurait été bienvenu, un symbole. Et plus encore un engagement pour la justice. Contre le racisme, contre les replis culturels, nationalistes et identitaires, contre la peur généralisée, contre la haine de l'autre, on aurait pu célébrer une culture riche de sa diversité. Une culture commune. Quand 30% de la population française n'est pas blanche et n'a aucun moyen de se reconnaître dans la moindre idée de culture commune, oui, de communauté à l'échelle d'un pays.

Quand un pays a désespérément besoin d'un récit commun

La pratique de la culture se doit d'être pour chacun et chacune l'endroit et le moment d'une célébration partagée, d'un lien social renoué, entre les individus quelles que soient leurs classes, leurs origines, leurs religions ou leurs couleurs de peaux.

Il arrive de temps en temps qu'elle le soit dans le public comme dans le privé, mais visiblement pas pour l'Académie des Molières.

Ils sont pourtant bel et bien là et talentueux les acteurs, les actrices, les auteur.e.s, les metteurs, les metteuses en scène de toutes les origines, de toutes les cultures et de toutes les appartenances ethniques.

Là, mais trop souvent et volontairement ignorés.

Les Molières méprisent la diversité de la population française, de la communauté artistique française et cultivent leur entre-soi. Encore une fois.

Alors qu'ils aillent au diable ces Molières.

Irresponsables.

David Bobée et Yann Gael.

Pour le collectif Décoloniser les arts.

« Le racisme d'omission se loge précisément là, où l'on oublie ce qui manque, et c'est symboliquement fort. Un noir, un seul et l'on se dit "pourquoi y a un noir" ? Aucun, et on oublie son absence.

[...]

S'il y a des droits culturels, qui a des devoirs culturels ? »

David Bobée

ENTRETIEN AVEC GERTY DAMBURY

***Les Cahiers de la LCD* : Chère Gerty Dambury, merci d'avoir accepté cet entretien. On vous connaît pour votre engagement artistique au théâtre, mais aussi en tant qu'écrivaine de romans, de poèmes, sur des thématiques au cœur des préoccupations de notre revue dont la lutte contre les discriminations. Qu'est-ce qui vous pousse, dans vos écrits, dans vos prises de positions citoyennes, en tant que personne, à vous engager dans cette lutte ?**

Les discriminations qui motivent mon engagement sont de plusieurs ordres : elles concernent les personnes étrangères en situation de migration, les personnes victimes de discriminations en fonction de leur origine et de leur couleur de peau et les femmes. En réalité, je me retrouve dans ces trois catégories. Je m'y suis retrouvée très jeune, étant une personne de sexe féminin, noire, ayant émigré dès l'âge de 14 ans. Le fait de m'opposer aux discriminations n'a donc pas été, pour moi, dans un premier temps, lié à des considérations générales de type philosophique ou œcuménique, mais il s'agissait de réactions à des situations vécues que je vois encore à l'œuvre, envers moi-même et envers d'autres, des situations que je reconnais, même lorsqu'elles ne me concernent pas directement.

L'élargissement de mon combat, d'un point de vue personnel à un point de vue général s'est fait par un cheminement d'ordre politique, au sens le plus large du terme, c'est-à-dire par le biais d'une prise de conscience de l'organisation du mode de fonctionnement des sociétés dans lesquelles j'étais amenée à vivre. Le sentiment de vivre dans une société inégalitaire, la Guadeloupe, dans laquelle se perpétuait une organisation hiérarchique injuste, basée sur l'origine sociale et ethnique, vestige de l'esclavage, je l'ai éprouvé dès que j'ai observé comment se comportaient les gens autour de moi. Les Guadeloupéens noirs et indiens se débattaient pour gravir les échelons, se fixaient des objectifs pour lesquels ils devaient déployer trois fois plus d'efforts que les autres, ce qui, en eux, occasionnait de la frustration, de la colère et quelquefois un immense sentiment d'impuissance. À l'inverse les personnes blanches dotées du pouvoir économique et institutionnel jouissaient d'une assurance qui m'interrogeait. Et puis, ceux dont on parle très rarement : les personnes blanches très pauvres. Pour ceux-là, quelle complication cela devait être que de se voir renvoyé à leur isolement, à un vague reste de sentiment de supériorité, violemment contredit par la réalité de leur condition. Ils avaient à faire face à cette contradiction en eux : ne pas vouloir se mélanger aux Noirs et aux Indiens et tout à la fois, être totalement exclu des lieux où les Blancs détenteurs du pouvoir se tenaient, sur leurs mornes, en dominants qui, quelquefois, éprouvaient le besoin de « faire société ».

Il se trouve que, régulièrement, et à toutes les occasions, la référence à cette organisation inégalitaire revient au-devant de la scène, dans ces pays, départements et territoires « outremer » : ces questions ne sont pas réglées. Je ressens ces formes de discriminations sur le territoire hexagonal : dans l'organisation de l'espace, dans les ruptures entre le centre et la périphérie, dans la perpétuation d'un modèle hiérarchique issu d'une histoire coloniale que beaucoup continuent à vouloir oublier sans en extirper les racines. Elles sont à l'œuvre à l'école, au travail, dans la vie de tous les jours. Elles s'expriment par les préjugés, les idées toutes faites sur les Asiatiques, les Maghrébin.e.s, les Africain.e.s, les Antillais.e.s. Elles s'expriment dans les attributions de rôles et de postes, dans les rejets, les regards, les mots entendus, les attitudes de méfiance qui se trouvent renforcées par des campagnes de diabolisation des réfugié.e.s, des immigré.e.s, des femmes voilées, des jeunes des « quartiers ». Car enfin, tandis que l'on déplace le curseur vers davantage de « rencontre », de « vivre-ensemble », de « mixité sociale », on s'invente de nouveaux boucs émissaires. En sorte qu'il existe toujours des personnes qui sont exclues, discriminées : Roms, femmes noires, femmes voilées. Toutes ces personnes portent en elles une part de mon histoire et de ce fait, je me sens concernée par ce qu'elles vivent.

D'après vous, entre le roman, les poèmes, le théâtre, y a-t-il des supports plus aisés que d'autres pour faire passer votre message ?

Je ne crois pas aux supports plus aisés. Je crois plutôt à la force des relais, aux opportunités offertes aux créations pour rencontrer les différents publics auxquels ces œuvres s'adressent. J'écris de la poésie, du théâtre, des romans et des textes de réflexion, courts et longs. Il me semble qu'à un moment donné, chacun de ces modes d'expression m'a permis de faire entendre l'une de mes préoccupations. Je ne parlerais pas de « message » à proprement parler. La plupart du temps, je ne pars pas de l'idée de message à transmettre. J'ai plutôt le désir de me laisser réagir à une situation et je laisse la place au mode d'expression qui me vient à ce moment-là. Je prendrai pour exemple la suite poétique *Qui vive* ? Que j'ai écrite durant le mouvement du LKP (Lyannaj Kont Pwofitasyon) en Guadeloupe. Ce mouvement ciblait les inégalités en combinant des luttes contre plusieurs espaces de discriminations : envers les handicapés, les personnes à faible revenu, les locataires vivant dans des habitations à loyer modéré subissant des menaces répétées d'expulsion, etc. Jour après jour, j'ai ressenti la présence ou l'absence de personnes. Je ne me suis pas focalisée sur les messages, mais sur les personnes et la manière dont elles vivaient ce mouvement. Que disaient ces corps ? Celui d'une amie malade, fiévreuse – décédée depuis – et cependant présente dans les rues, dans les manifestations, comme si ce mouvement pouvait constituer un espace de guérison. Que me racontait l'absence d'une autre, ses tergiversations et sa brusque apparition au sein du cortège de manifestants ? Que pouvait signifier la présence silencieuse et quasi invisible de personnes âgées qui, instinctivement, offraient ce qu'elles pouvaient à ce moment de révolte ? Quels chemins empruntent les uns et les autres pour l'expression de ces choses contenues et qui soudain explosent ? La poésie pouvait me permettre de dire cela, par petits tableaux impressionnistes, du moins, je crois. Ces poèmes vivent leur vie. Il me revient, ici ou là, que tel texte a été lu, partagé, reproduit. Dans ce recueil, le poème en hommage à Jacques Bino, le syndicaliste tué durant le mouvement LKP a été republié par les éditions Bruno Doucey, dans deux ouvrages collectifs différents. Pour moi, ce signe est fort. Dans le même temps, je ne suis pas le ou la poète officielle de tel ou tel groupe, de telle ou telle théorie, je n'invente pas de théorie. J'analyse un peu pour m'éclairer moi-même, mais j'ai une sainte horreur des écrivain.e.s ou auteur.e.s délivrant une parole sanctifiée.

Vous avez participé à la création du collectif R = Respect : quelle en est l'origine et surtout quels en sont les objectifs ?

Le collectif R = Respect a été créé en réaction aux insultes proférées à l'encontre de Christiane Taubira en 2013. Un collectif de femmes noires s'est constitué, a rédigé une lettre ouverte au président de la République, François Hollande. Cette lettre a récolté environ 6 000 signatures et a largement participé à la mobilisation contre le racisme. Nous avons reçu une réponse florentine de la directrice de cabinet de François Hollande, mais nous avons observé que les mobilisations autour des « people » étaient bien plus intéressantes et médiatisées par certains et certaines que les actions d'un collectif constitué de militantes féministes noires. Le militantisme n'a de valeur aux yeux du plus grand nombre que s'il est porté par des figures cinématographiques, des chanteuses et des chanteurs. Je ne dis pas cela par amertume, mais parce que cela constitue un changement majeur dans notre société. Ce constat est valable dans bien des cas. L'on a fait plus de cas du décès de Mireille Darc – contre qui ou à propos qui je n'ai pas grand-chose à dire, elle ne constitue qu'un exemple – que du décès de Jean-Pierre Kahane, très grand mathématicien, fondateur de l'université Paris-Orsay et qui a beaucoup milité et œuvré sur la question des apports des sciences au bien-être des humains.

Le collectif R = Respect a échoué à faire entendre sa voix de façon durable sur les questions du racisme, des discriminations et des inégalités. Il n'a pas duré. Cependant, toutes les personnes à l'origine de la création de ce collectif sont investies ailleurs : dans l'accompagnement des réfugiés syriens, dans la défense des femmes lesbiennes de couleur qui subissent des violences, en Afrique du Sud, en Inde et ailleurs, du fait de leurs orientations sexuelles (les LOC's – Lesbians Of Color) dans la diffusion des écrits et réalisations des Noir.es (Blakistoua), dans la lutte contre les discriminations dans le milieu du spectacle (Décoloniser les Arts), etc. Les luttes contre le racisme se déploient de cette façon également.

La thématique coloniale, très présente dans votre travail, passe aussi par votre engagement dans le collectif Décoloniser les arts. Si décoloniser les arts, c'est promouvoir la diversité, d'après vous, comment décoloniser les représentations ? La visibilité suffit-elle ? Cela doit-il passer par la question mémorielle ?

Trois termes m'interrogent dans votre question : celui de « *diversité* », celui de « *visibilité* » et l'expression « *question mémorielle* ». Je saisis l'occasion pour dire que l'un des axes de bataille de l'association Décoloniser les Arts, c'est précisément la question du langage et du vocabulaire. En France, on tourne en rond autour de questions qu'on ne sait pas aborder et on cherche des expressions pour ne pas dire ce que l'on devrait dire.

Parlons de la « diversité ». La question, que nous posions il y a deux ans, commence à rencontrer un certain écho. Nous retournions le problème en mettant en évidence le fait que parler de « diversité » signifiait qu'il y avait une norme à partir de laquelle on « divergeait » d'une certaine façon. Ceux qui étaient renvoyés à leur « diversité » étaient, en quelque sorte, en position d'écart par rapport à la norme basique. L'homme blanc. Les mouvements luttant pour l'égalité entre les hommes et les femmes ont mis en avant cette expression de « l'homme blanc de 50 ans ». Celui-là est comme naturellement appelé à occuper les fonctions, toutes les fonctions les plus élevées dans la hiérarchie sociale puisqu'il est la norme. À partir de là, les revendications posées par les femmes, les personnes visiblement non-blanches, les personnes handicapées, ont fait désigner ces formes humaines – je suis volontairement provocatrice – sous le vocable de « divers ». J'aime cette idée que, d'une certaine façon, nous avons forme humaine, mais nous constituons l'écart dans l'humain. C'est violent de le recevoir de cette façon, mais c'est ce que dit le terme « diversité » et nous le recevons avec la même violence. Donc, peut-être serait-il temps de se débarrasser définitivement de cette appellation qui ne constitue qu'une litote permettant de masquer son embarras à nommer celui ou celle que l'on exclut de façon totalement volontaire, en se basant sur des manières dépassées de considérer l'organisation de la société, hormis quelques exceptions qui viennent confirmer la règle.

Le terme « visibilité » est un piège extraordinaire ! Je me rappelle avoir eu un conflit avec un supérieur lorsque j'enseignais encore. Je m'étais fait insulter en tant que femme, avec des propos d'une rare vulgarité par des collègues enseignants. Au courrier que j'ai fait parvenir à mon chef d'établissement, par lequel je lui demandais d'intervenir auprès de ces collègues, il m'a été répondu, par ce supérieur : « *y en a marre des minorités visibles* ». J'étais d'abord, à ses yeux, une minorité visible. Un individu de couleur noire. Quelles étaient toutes les autres facettes de ma personnalité ? Qui étais-je véritablement ? Les insultes que j'avais reçues me visaient clairement en tant que femme, mais il a préféré mettre en avant ma couleur de peau.

Très bien. Je suis donc piégée par des définitions parcellaires de mon identité. Je ne peux qu'être partiellement reconnue dans cette organisation de la pensée qui n'est pas en mesure de prendre en compte l'entièreté de ma personne.

Il me semble que c'est là un mode de pensée qui est à l'origine de la plupart des conflits, des préjugés, des violences à l'encontre de ceux et celles que nous croisons. Qu'est-ce que je choisis de voir chez celui ou celle qui passe, qui entre et qui demeure ? Puis-je subodorer tout ce qu'il ou elle est en mesure de m'apporter, de m'enseigner ou vais-je de façon systématique le ou la découper en petites tranches, de couleur, de genre, d'accent, de langue ? Partant de là, à partir de quel critère vais-je décider que je vais embaucher ou nommer un ou une noire, une personne apparemment d'origine maghrébine, une personne d'apparence asiatique ? Évidemment, l'on parlera des qualités de cette « visible », mais en réalité, sa « visibilité » serait la principale raison de sa présence en un lieu donné. Il faut aller plus loin que cela. Il faut parvenir à se défaire de ses manières de regarder autour de soi. Il faut se déprendre du formatage de son monde intérieur. C'est certainement le plus difficile.

À tout cela, vous ajoutez la « *question mémorielle* ». Nous voilà au cœur des polémiques les plus violentes de ces dernières années. Pourquoi fait-on de certains pans de la mémoire une « question », c'est-à-dire un problème quand, par ailleurs, on ne se prive pas de faire de Charles Martel celui qui arrêta les Arabes à Poitiers ? Ou encore, quand on ne se prive pas de faire de Christophe Colomb celui qui a « découvert l'Amérique » ? Ou encore, dernier exemple, quand on ne se prive pas de faire de Victor Schœlcher l'homme providentiel quasi unique de l'abolition de l'esclavage ? Je parle, en particulier en pensant à tous ceux qui dénoncent la « question mémorielle ». C'est donc bien qu'il y a choix de mémoire et refus d'autres mémoires. Or, si l'on n'est pas totalement aveugle à la réalité de l'histoire du monde, on devrait savoir que les voix finissent toujours par se faire entendre et que les oublié.e.s de l'Histoire se hisseront d'une manière ou d'une autre et quelquefois de la manière la plus violente qui soit. C'est quasiment un principe physique. Un corps que l'on tente de noyer finit toujours par remonter.

Je suis désolée d'avoir à faire un si grand détour pour parvenir à une réponse à votre question principale, mais elle était truffée de pièges... Au final, je dirais que « décoloniser les arts », ce n'est pas promouvoir la « diversité ». C'est un point de vue certainement très personnel. Je ne plaide pas pour mettre des « visibles » ici et là. Décoloniser les arts, c'est véritablement aller au cœur de questions qui sont posées, non pas aux dits « divers », mais à ceux qui se voient comme une majorité naturelle. Décoloniser les arts, c'est sortir de son entre-soi. Décoloniser les arts, c'est accepter de se dire qu'on n'a pas « l'art infus », décoloniser les arts, c'est mieux se connaître pour mieux se dire soi-même, ce soi-même étant composé de nous tous, quels que soient nos genres, nos couleurs, nos entièretés ou nos parcelles.

Décoloniser les arts, c'est se poser la question du socle sur lequel s'appuie notre perception de ce que sont l'art et l'artiste. Quand et à quel moment, et pour quelles raisons, pour occuper quelle place et quel rôle, la notion d'art, dans sa sacralité, est-elle intervenue ? Cet artiste sacré peut-il être une femme ? Bien sûr, il en existe, mais on joue sur l'exceptionnalité de la chose ! Peut-il être un Noir ? Bien sûr, il en existe, mais on joue sur sa proximité et sa ressemblance avec la

« norme ». On se comprend… Et si l'art c'était de ne pas tout comprendre, tout saisir parce que ça parle à ce que vous connaissez déjà et de devoir s'interroger ? Peut-il être un « divers handicapé » ? C'est à cet endroit que je pose la question de la décolonisation des arts. Pas tout à fait dans le nombre de « visibles » qui seraient chargés de porter de surcroît le poids de la « question mémorielle », qu'on leur laisserait tout en se disant : « Mon dieu, encore un truc identitaire ! »

Selon votre expérience, dans le monde de la culture, comment à la fois lutter contre les inégalités et privilégier la diversité, sans tomber dans le tokenisme ?

Je pense qu'en général, et pas seulement dans le monde de la culture, pour lutter contre les inégalités, il est essentiel d'offrir les mêmes chances à tous et à toutes. Évidemment, c'est bateau, mais ça n'existe tellement pas ! Il y a tant d'obstacles invisibles à l'obtention de ce qui, normalement vous est dû, de ce qui est en principe à votre disposition !

Hier encore, j'observais un père qui me paraissait être Africain – mais qu'est-ce que je savais d'autre que le fait qu'il était noir - qui poussait sa dernière-née dans sa poussette tandis que l'aînée voulait pénétrer dans la salle jeunesse de la bibliothèque dans laquelle j'étais allée emprunter un ouvrage. Ils étaient tous les trois à la porte de cette salle jeunesse. Hésitants. Intimidés. La petite avait un air bravache. Le père avait un sourire gêné et moi, depuis la cage de l'ascenseur, je pensais, le plus fort possible pour qu'ils m'entendent : « Allez-y ! Allez-y ! Entrez ! N'ayez pas peur ! Vous êtes chez vous ! »

Voilà encore un endroit où je me suis si totalement revue, arrivant de la Guadeloupe où j'allais de temps à autre à la mairie emprunter des livres à une bibliothèque vieillotte et poussiéreuse, anémique aussi. Il y avait si peu de livres sur les rayonnages. Et puis, je suis arrivée à la mairie de Montreuil et dans la mairie, il y avait autrefois une très grande bibliothèque. Là, on avait encore le goût des livres reliés, de vert, autant que je m'en souvienne. Mais il y en avait tant. Alors, je suis entrée. Intimidée au début. Ne sachant par où commencer. Je ne sais pas pourquoi, j'ai commencé par le théâtre. Audiberti. Tout

Audiberti. L'ordre alphabétique. J'ai suivi l'ordre alphabétique. Jusqu'à ce que je puisse trouver quelqu'un qui m'écoute, qui partage avec moi, échange, me guide aussi dans le dédale de cette histoire du théâtre.

Les personnalités dont on finit par observer le parcours dans le milieu artistique sont, la plupart du temps, des personnes qui ont été accompagnées, écoutées, entendues.

Ce ne sont pas forcément des personnes faciles à vivre parce qu'elles sont dans l'urgence de dire, de faire, d'exprimer leur art. Ce ne sont pas des personnes soumises et lissées par les écoles dans lesquelles tous et toutes finissent par se ressembler. (Il faudrait aussi changer les écoles, la formation, bousculer la formation dans les écoles d'art).

Il convient d'encourager l'insolence, la pensée rebelle quand on la croise. Mais si, d'emblée, l'on craint que cette pensée rebelle ne se retourne contre vos prérogatives, alors, oui, on préférera peut-être un certain tokenisme, on privilégiera les visibles silencieux ayant l'échine souple.

Extrait du recueil *Effervescences*
(Éditions du Manguier, 2010)

Que déserte la nuit

Et vienne une meute de criquets

Héler les lunes impavides.

Que déserte la nuit

Et bruisse une brassée de libellules

Au-dessus du fracas des échafauds qui tombent

Des tables sont dressées sur les mers en signe de bienvenue.

Débute l'épandage d'épices fortes

Par les champs d'habitudes.

Quand les hommes mis au ban prendront-ils part

Au grand accouplement

Des terres des mers du feu des volcans et du ciel au-dessus du silence ?

Que déserte la nuit

Et viennent déferler

des vagues aux déserts

À inonder les verbes immobiles

Et qu'explose le silence
En gerbes folles
Dans la surprise des yeux.

Un bateau s'éloigne de la terre.
Dernier écho des solitudes qu'il sème en son sillage
Hurle sa corne de brouillard
Un bateau s'éloigne de la terre
Des femmes posent un tray
Sur leur fier équilibre

À l'odeur de sel durci des cordages
L'écho de la rudesse de leurs mains en rivières
Ô nostalgie des draps blancs sur la berge

Sur toutes les berges vivent femmes en attente
Sur toutes les berges feu sur l'attente
Brutale interruption des folles barbaries.

Sur toutes les rades
Feu sur l'attente
Feu à volonté

Que parlent les congas

Que les corps syncopés déshabillent la nuit
Que parlent les congas

Et mise à sac de l'ennui
De la peur
Et que les signes de connivence se dévoilent

Entre les hommes
Entre les femmes
Entre les désirs qui s'affirment à la portée des tours de guet.

« DÉCOLONISER LES ARTS, C'EST VÉRITABLEMENT ALLER AU CŒUR DE QUESTIONS QUI SONT POSÉES, NON PAS AUX DITS "DIVERS", MAIS À CEUX QUI SE VOIENT COMME UNE MAJORITÉ NATURELLE. DÉCOLONISER LES ARTS, C'EST SORTIR DE SON ENTRE-SOI. DÉCOLONISER LES ARTS, C'EST ACCEPTER DE SE DIRE QU'ON N'A PAS "L'ART INFUS" DE NOUS TOUS, QUELS QUE SOIENT NOS GENRES, NOS COULEURS, NOS ENTIÈRETÉS OU NOS PARCELLES. »

GERTY DAMBURY

Articles

Retours d'expériences sur le LaboThéâtre d'émancipation sociale entre artistes, chercheuses et habitant.e.s

Élise VINET[1], Hélène CHIRON[2], Géraldine BÉNICHOU[3]

1. Évaluation d'un dispositif artistico-scientifique et citoyen de lutte contre les discriminations

« *L'émancipation, elle, commence quand on remet en question l'opposition entre regarder et agir. Quand on comprend que les évidences qui structurent ainsi les rapports du dire, du voir et du faire appartiennent elles-mêmes à la structure de la domination et de la sujétion.* » Jacques Rancière (2008).

L'égalité femmes-hommes, la lutte contre les discriminations multifactorielles, et la participation citoyenne sont au cœur des problématiques de notre société. Reposant sur la pratique des arts vivants et des sciences humaines comme outils de transformation sociale, le projet du LaboThéâtre fait le pari que le partage des savoirs et des actions artistiques, scientifiques et sociales peut contribuer à l'émergence d'une intelligence collective et citoyenne qui permette à chacun.e d'être davantage acteur.trice d'une société plus égalitaire, dans la lignée des *Empowerment labs* émergeant en France et particulièrement à l'étranger (voir notamment Sales de Oliveira, 2014).

---

[1] Maîtresse de conférences en Psychologie Sociale, chercheuse au laboratoire GRePS, université Lyon 2 et chercheuse associée au Labex IMU, Université de Lyon. Auteure, avec Hélène Chiron, de la première partie de ce texte.

[2] Psychologue sociale et ingénieure d'études. Auteure, avec Élise Vinet, de la première partie de ce texte.

[3] Géradine Bénichou est metteuse en scène, responsable artistique de la Compagnie Théâtre du Grabuge. Auteure de la seconde partie de ce texte.

Dans le cadre d'un partenariat initié depuis 2012 entre quelques artistes et chercheuses, nous avons collectivement conçu, animé et évalué courant 2015-2016 une méthodologie innovante autour de l'émancipation face aux injustices vécues au regard du sexe, de l'origine ethnique et de la classe sociale. Des ateliers d'écriture, de chant, de slam et d'improvisation ont été conduits par l'ensemble des membres du collectif créé *ad hoc* et auto-nommé le CRACS pour « Collectif de Recherche Action en Changement Social ». Le LaboThéâtre a ainsi réuni environ 70 personnes (dont plus de 60 femmes) réparties en 5 groupes au cours de 5 à 7 séances d'atelier. L'équipe côté artistes était constituée de deux comédien.ne.s dont une clowne, d'un slameur, de trois musicien.ne.s, d'un cinéaste et d'une metteuse en scène responsable artistique. Côté recherche, l'équipe était constituée de 3 psychologues sociales dont une maîtresse de conférences responsable scientifique du projet, une ingénieure d'étude et une doctorante. Les consignes d'écriture ont été structurées autour du triptyque « *naming* ; *blaming* ; *claming* » issu des travaux sur le non-recours aux droits de Felstiner, Abel et Sarat (1980) ; des enjeux de l'expérience vécue (Jodelet, 2006) ; et de concepts psychosociaux pluriels comme les stéréotypes, les assignations, la stigmatisation, le changement social, etc. Les chants ou slams ou improvisations (selon les demandes des groupes) collectivement partagés permettaient une approche sensible et corporelle des problématiques de discriminations et de leur dénonciation collective. À l'issue des ateliers, le CRACS s'est produit sur scène pour partager avec 120 personnes le travail d'émancipation engagé au LaboThéâtre, mêlant donc des vidéos d'habitant.e.s, des témoignages d'habitant.e.s en direct, une chorale d'habitant.e.s au plateau, des interventions scientifiques.

Nous proposons dans le présent article de faire un retour critique de cette expérimentation originale artistico-scientifique et citoyenne face aux discriminations, structuré autour de l'évaluation scientifique d'un dispositif pluriel (ateliers d'écriture, de chant, de slam et d'improvisation) de lutte contre les discriminations. Le LaboThéâtre initié par la Compagnie Théâtre du Grabuge en 2015, conçu en collaboration avec le GRePS (Groupe de Recherche en Psychologie Sociale de l'université Lyon 2) dans la lignée d'un partenariat initié en 2012, constitue un processus de création et de diffusion artistique, scientifique et citoyen qui associe des artistes de plusieurs disciplines (écriture, théâtre, slam, musique, chant et vidéo), des chercheuses en psychologie sociale, des médiateurs.trices socio-culturels et des habitant.e.s du Rhône de différents horizons (âge, milieu, quartier…) sur les questions des stéréotypes et des discriminations, travaillées lors d'ateliers d'écriture, mais également de chants, de slam ou d'improvisation.

Le LaboThéâtre vise à croiser dans un espace créé *ad hoc* des savoirs scientifiques, artistiques et citoyens pour identifier, comprendre les ressorts et agir contre les inégalités sexistes, racistes et classistes qui structurent notre société. De porter une parole commune (mais pas pour autant consensuelle), politique et publique. D'évaluer scientifiquement par divers outils qualitatifs et quantitatifs les effets des ateliers conduits, au regard des postures et compétences acquises par chacun.e dans la production collective d'un changement social (Sweetman, Leach, Spears, Pratto et Saab, 2013).

L'originalité du dispositif et de son évaluation sont l'occasion de présenter une réflexion sur quelques aspects saillants dans l'expérience du LaboThéâtre. Premièrement, mobiliser les citoyen.ne.s sur les questions de discriminations, pour quels effets ? Les connaissances scientifiques en psychologie sociale soulignent des points de vigilances quant au recueil et au traitement des expériences de stigmatisation. Quels effets ce type d'ateliers génèrent-ils sur les ressentis, postures et compétences des participant.e.s ? Peut-on améliorer la reconnaissance des discriminations vécues et surtout la capacité individuelle comme collective d'agir face à elles ? Deuxièmement, faire *pour* ou faire *avec* : les enjeux de la participation réelle des citoyen.ne.s. Face à des contraintes financières et temporelles dans la mise en place des actions artistiques, culturelles ou sociales, l'implication réelle des citoyen.ne.s à l'ensemble des étapes du parcours est souvent difficile. Dans ces conditions, quand peut-on réellement parler de participation ?

2. Contexte de terrain et intentions de recherche

Dans le cadre du LaboThéâtre, des ateliers d'écriture, de chant, de slam et/ou d'improvisation ont été conduits par des artistes, des chercheur.e.s et des habitant.e.s lyonnais.e.s sur les inégalités sociales et particulièrement sexuées, touchant pendant 5 à 7 séances de 3 heures environ 70 personnes au total, réparties dans 5 groupes dont 3 groupes de femmes adultes aux parcours et profils pluriels, un groupe mixte de jeunes adultes en formation des métiers de l'action sociale et un groupe mixte d'adolescent.e.s. Les ateliers, nommés « Petits décalages », ont débouché sur un spectacle ou restitution finale, mettant en scène un groupe d'une vingtaine de femmes au chant et à la lecture de leurs textes, en direct ou en vidéos préalablement enregistrées et projetées sur scène, et accompagnées de trois musicen.ne.s, de deux comédien.ne.s et de deux psychologues sociales. Les objectifs scientifiques de ce projet étaient d'évaluer ce que produisent ces ateliers et dans quelles conditions, particulièrement en termes « d'émancipation ».

Émancipation, du latin *e manu capare* : littéralement lâcher la main. Les esclaves s'achetaient en étant pris par la main. L'étymologie du terme reflète pleinement le pouvoir et le désir de contrôle des dominant.e.s : il leur appartiendrait de libérer l'opprimé.e… « *Ne me libère pas* », scandait un slogan féministe des années soixante-dix, « *je m'en charge* »! Beaucoup de formes théâtrales se réclament aujourd'hui du Théâtre de l'Opprimé (fondé par Augusto Boal). Or elles ne s'inscrivent pas toujours dans le « *souci soutenu d'une perspective émancipatrice* » (Neveux, p. 191), et peuvent au contraire apparaître « *préoccupées de déminer toute conflictualité sociale ou de réconcilier les opprimés avec l'ordre qui les opprime* » (*ibid.*, p. 192). Or, que ce soit dans le cadre des approches psychologiques, philosophiques ou encore sociologiques du conflit, ce dernier est au contraire appréhendé comme élément structurant du lien social, évitant justement les antagonismes qui radicalisent des altérités nous/elleux.

La problématique scientifique qui a sous-tendu l'évaluation du LaboThéâtre pourrait se résumer ainsi : comment conduire des actions artistiques et scientifiques qui restituent sa place à la conflictualité, et qui n'imposent pas des modes de pensée ou d'action, mais offrent un cadre propice à diverses formes d'émancipation ? Comment, pour reprendre l'expression d'Olivier Neveux « *donner à l'opprimé le goût de la maîtrise de son destin* » (*ibid.*,p. 196) sans tomber dans l'injonction paradoxale du « Sois libre ! » ? L'évaluation des ateliers s'est donc axée sur les enjeux suivants : que produisent des ateliers à visée d'émancipation ? Quelle(s) émancipation(s) est/sont visée(s) ? Peut-on les définir en amont ? Quelles seraient leurs formes ? Par quels indicateurs les mesurer ? Ces ateliers peuvent-ils n'être qu'un vœu pieu ? Ne constituent-ils pas potentiellement une nouvelle violence institutionnelle ? Comment ne pas reproduire dans ces ateliers des rapports de domination, ne serait-ce qu'entre les artistes et les chercheuses, ou plus particulièrement entre l'équipe des artistes-chercheuses et les habitant.e.s ? Nous avons donc construit le dispositif de recherche avec un double objectif, une méthodologie concernant la construction des ateliers, et une méthodologie permettant d'en évaluer les effets.

3. Méthodologie de construction des ateliers

À la suite de discussions collectives autour de perspectives artistiques et scientifiques ayant donné lieu à la naissance du LaboThéâtre, les chercheuses ont organisé une session de présentation et de discussion des enjeux scientifiques soulevés par ces ateliers, afin de favoriser une appropriation collective de ces derniers. Malgré le caractère imprévisible de la constitution des ateliers qui étaient à venir, les chercheuses ont également proposé aux artistes un déroulé possible du contenu des ateliers (travail sur l'évolution des consignes d'écriture notamment, dans un but de favoriser progressivement la capacitation des personnes) et leur ont également soumis le protocole d'évaluation (présenté dans la partie suivante). L'objectif des ateliers était de favoriser chez les habitant.e.s une prise de conscience des injustices/discriminations vécues, des inégalités les sous-tendant et des possibilités d'agir face à ces dernières. L'ensemble des consignes a été rediscuté et/ou réaménagé au fur et à mesure des séances, selon les avancées des groupes, les intérêts artistiques et les enjeux scientifiques. Deux axes majeurs ont présidé à la construction des ateliers, à savoir le type de consignes à élaborer et la constitution des groupes :

3.1 Axe 1 : Quels sont les effets des consignes d'écriture ?

En lien avec les artistes, l'équipe de recherche a élaboré un déroulé des ateliers inspirés d'outils d'éducation populaire (voir notamment les écrits de Majo Hansotte) et des trois étapes élaborées par Felstiner dans le cadre de ses travaux sur le non-recours aux droits, à savoir *naming* (nommer le problème) ; *blaming* (incriminer, trouver les causes du problème) et *claming* (revendiquer, trouver une issue au problème). Après s'être familiarisé.es avec la tâche de l'écriture, les habitant.e.s étaient donc convié.e.s à nommer les injustices vécues, les situations ressenties comme injustes ou discriminatoires (*naming*), puis à identifier les causes de ces situations (*blaming*) et enfin à élaborer des pistes d'actions (*claming*) par exemple en relatant des situations où ils.elles ont trouvé des ressources (individuellement ou collectivement) pour désamorcer un problème, surmonter un obstacle, etc.

3.2. Axe 2 : Quels sont les effets dans les ateliers de la non-mixité entre membres de groupes stigmatisé.es, mais de la mixité induite par le contact avec les artistes et les chercheuses ? Favorise-t-elle la prise de conscience et le sentiment de capacité d'agir des habitant.e.s et dans quelles conditions ?

Dans la lignée des rares travaux en psychologie sociale sur l'hypothèse du contact entre membres de groupes stigmatisés (cf. Dixon *et al.*, 2015), nous avons (chercheuses et artistes) tout d'abord énoncé dans les groupes notre posture et nos valeurs pro-égalitaires, afin de ne pas produire les effets classiquement observés de baisse de l'estime de soi des personnes stigmatisées en présence de membres de groupes perçus comme dominants (Becker, Wright, Lubensky et Zhou, 2012). Les rares interventions des chercheuses (outre celles ponctuelles concernant les relances d'écriture, étant donné que les artistes assumaient ce rôle) tendaient à s'inscrire dans le cadre de la pédagogie de l'opprimé (Paulo Freire) qui promeut des « *rapports qui ne soient plus verticaux, hiérarchiques, mais dialectiques (...) [elle] vise (...) non pas à faire des dépôts de savoir, mais à aiguiser un sens critique* » (Boal J., 2010). Il ne s'agissait donc pas d'intervenir de façon descendante pour commenter les productions par un savoir surplombant, mais de proposer ponctuellement des regards, des pas de côté, d'inviter chacun.e à se décaler pour interroger les évidences, les lieux communs.

4. Méthodologie d'évaluation des effets des ateliers

Chaque groupe ayant été constitué *ad hoc*, le protocole méthodologique n'a pas pu être standardisé (modulation selon les prises de contact institutionnel, les souhaits des participant.e.s, la temporalité des ateliers, la composition des groupes). De manière à saisir dans le temps imparti la pluralité des effets de ces ateliers, les chercheuses ont mis en place différents outils quantitatifs et qualitatifs. Sur le volet quantitatif, un questionnaire a été élaboré et diffusé de façon diachronique avant, pendant et à la fin du processus. Les critères d'évaluation touchaient à diverses dimensions psychosociales comme l'adhésion à la dominance sociale (l'effet attendu des ateliers était une baisse de cette adhésion entre le début et la fin des ateliers) ; le sentiment d'efficacité personnelle et collective (il était attendu que ce sentiment baisse lors de la phase de travail sur le « *blaming* » et qu'il remonte après la phase de travail sur le « *claming* ») ; le sentiment de privation relative individuelle et collective (ou sentiment d'injustice perçue, dont on s'attendait à ce qu'il augmente avec les ateliers) ; les niveaux de discriminations perçues (comme l'opportunité de trouver un logement ou de se faire entendre) ; le sentiment de pouvoir partager socialement les injustices vécues le cas échéant et l'estimation du soutien reçu ; l'adhésion au sexisme bienveillant et hostile ; les intentions comportementales face aux discriminations (allant d'un engagement associatif à des actions collectives, voire au recours à la violence) dont on s'attendait à ce qu'elles augmentent à la fin du processus et particulièrement après la représentation publique des habitant.e.s, sur scène.

Concernant le volet qualitatif, des observations participantes ont été conduites dans l'ensemble des ateliers par une et *a minima* deux des chercheuses ; des entretiens collectifs ont été conduits à l'issue des ateliers et de la représentation sur scène des habitant.e.s. Ces entretiens ont permis d'identifier les ressentis des habitant.e.s au regard de l'ensemble du processus, leur rapport au cadre du dispositif, leurs perceptions concernant leurs prises de conscience et les répercussions éventuelles de ces ateliers sur des aspects divers de leurs vies ; enfin, une analyse léxicométrique (via le logiciel Iramuteq) a été réalisée sur l'ensemble des productions écrites des habitant.e.s. La pluralité de ces outils quantitatifs et qualitatifs a été pensée dans une perspective de triangulation méthodologique. La triangulation telle qu'entendue ici, n'a pas uniquement pour visée un recoupement de résultats similaires par des méthodologies différentes, mais de gagner en rigueur, ampleur et profondeur. Ici, la mise en place d'un cadre de travail rigoureux dans le cadre de réunions régulières de recherche a également visé la triangulation des chercheuses en impliquant dans des temporalités, distances et espaces différents, trois chercheuses et psychologues sociales.

5. Synthèse des principaux effets

✓ Tout d'abord, un taux de satisfaction général très élevé des habitant.e.s impliqué.e.s dans les ateliers, ainsi que du public ayant assisté à la restitution finale/représentation sur scène.

✓ L'analyse des entretiens collectifs et des séances d'écriture dans le cadre des observations participantes fait état de multiples prises de conscience individuelle et collective des situations d'injustices vécues et des causes de ces situations, favorisées par la mise en commun des écrits. En effet, après chaque phase d'écriture individuelle (au regard d'une consigne proposée) s'ensuivait une phase (non obligatoire) de partage à voix haute de ses écrits devant le collectif, ce qui a permis de faire émerger des points communs groupaux et le sentiment d'un sort partagé, au-delà des différences inter-individuelles.

✓ Nous avons mesuré une hausse de la posture égalitariste après les ateliers, en particulier concernant les inégalités économiques que les habitant.e.s considèrent moins légitimes après les ateliers qu'avant.

✓ Nous avons également mesuré une hausse du sentiment d'efficacité individuelle et collective (avec une significativité intéressante pour cette dernière), soulignant ici que les ateliers ont bien permis d'augmenter les compétences des habitant.e.s, ici en termes d'estime de soi et de sentiment d'être en mesure d'améliorer son sort, particulièrement de façon collective, ce qui souligne la prise de conscience d'un sort commun et le développement de sentiments de capacité et de solidarité.

✓ Les résultats indiquent également une hausse du sentiment de pouvoir agir via différents modes, donc une hausse des intentions de recourir à l'action pour un changement social (y compris par le recours à la violence si nécessaire…), ce qui indique ici également une hausse des compétences des habitant.e.s à l'issue des ateliers.

✓ L'évaluation indique également une augmentation de l'empathie et de la solidarité entre membres de groupes stigmatisés, articulées autour du partage de situations d'injustices, ce qui conforte les résultats de rares études conduites sur le contact entre membres de groupes stigmatisés (cf. Dixon *et al.*, *ibid.*).

✓ Aussi, ces ateliers ont mis tou.te.s les participant.te.s en mouvement, y compris l'équipe des artistes-chercheuses.eurs et, contrairement aux craintes initiales de contribuer à une dépolitisation massive autour de ces questions par une fonction cathartique, les ateliers semblent plutôt avoir agi comme catalyseurs de repolitisation de la question des discriminations.

✓ Concernant l'impact des consignes distinctes d'un groupe à l'autre sur la dynamique des groupes, nous pouvons noter qu'elles ont eu pour effets :

- d'homogénéiser le groupe 1 (entre-soi féminin) et d'induire des stratégies de démarcage/différenciation des autres membres du groupe et un rapport plus critique au cadre des ateliers pour préserver un sentiment d'unicité et de valorisation personnelle.

- d'hétérogénéiser le groupe 2 (entre-soi féminin également) et d'induire à l'inverse des stratégies d'affiliation/de création d'un méta-groupe d'appartenance transcendant les différences inter-individuelles afin d'assurer la cohésion du groupe et d'induire un attachement au cadre des ateliers comme garant de cette cohésion et du lien, ce qui a pu générer à la fin des ateliers un sentiment d'anxiété de la part de certaines participantes quant à la disparition du groupe pourvoyeur d'estime de soi.

✓ Dans l'ensemble, la participation à l'ensemble du dispositif a donné les effets les plus intéressants en termes de reconnaissance des inégalités, de compréhension des processus qui les sous-tendent et de capacité d'agir. En effet, les habitant.e.s les plus satisfait.e.s des ateliers et dont le sentiment d'efficacité collective a le plus augmenté sont celleux qui sont allé.e.s jusqu'au bout du déroulé des ateliers notamment en étant présent.e.s sur scène pendant la restitution (étape ultime du *claming*).

✓ Nous avons constaté dans l'ensemble des effets positifs de la non-mixité sur la prise de conscience individuelle et collective des discriminations et des inégalités notamment genrées, au travers d'un entre-soi facilitateur, particulièrement lors des lectures à voix haute des textes écrits individuellement, par un effet de résonnance de certaines situations, au-delà des catégories d'âge, d'orientation sexuelle, d'origine ethnique, etc.

✓ Par ailleurs, l'évaluation et la co-construction du projet ont mis également en lumière des enjeux singuliers de la collaboration pluridisciplinaire. Néanmoins, ces dynamiques n'étant pas de la même nature que les résultats présentés ci-dessus, elles ne seront pas traitées dans cet article. Les auteures tenaient cependant à en rappeler l'existence, les effets et leur nécessaire prise en considération dans ce type de projet.

✓ Enfin, soulignons qu'un enjeu fort des ateliers d'écriture est de parvenir à nommer des situations sans figer des catégories, ce qui représente un challenge que nous n'avons que partiellement relevé. En effet, comme le souligne Olivier Neveux à propos de la désidentification nécessaire à l'émancipation : « *l'émancipation est rupture avec l'ordre historiquement réglé des places et des conditions. Elle est une opération de désidentification. On saisit alors la difficulté : comment programmer la désidentification ? Comment ne pas l'empêcher par le jeu de nominations, de désignations et d'explicitations (...) ? Comment ne pas figer dans des invariants stabilisateurs ce que doit être un opprimé et renvoyer chacun au lieu-dit d'une culture, d'une condition, d'un horizon supposé origine ou finalité ? Comment ne pas encombrer par trop de "marqueurs" d'identité la déstabilisation des catégories qui précisément stabilisent toute situation par la structuration, sans reste ni excès, du champ social ?* » (Neveux, 2014, p. 203)

6. Première conclusion

L'ensemble du dispositif montre des effets particulièrement intéressants pour l'ensemble des participant.es au projet. La valorisation qui en a été faite a permis de continuer à poursuivre le travail de diffusion des résultats, mais également des ateliers puisque le LaboThéâtre a alimenté la création d'un nouveau spectacle, *Décalage toi !* qui a été joué en Avignon l'été 2017, mettant en scène une bonne partie de l'équipe impliquée dans le LaboThéâtre à savoir les artistes, quelques habitant.e.s (en vidéo témoignages) et la chercheuse responsable scientifique du projet.

Concernant les enjeux de la participation des habitant.e.s, la temporalité du projet et la difficulté de sa mise en œuvre de par son caractère déjà pluridisciplinaire (croisement entre artistes et chercheuses) ne nous a pas permis de mobiliser en amont du projet les habitant.e.s des différents quartiers afin de co-construire également avec elleux les ateliers. Il s'agit donc davantage d'une participation des habitant.e.s *à* un projet artistico-scientifique que d'une co-construction de la recherche et de l'objet artistique. Pour autant, les effets des ateliers restent remarquables sur les prises de conscience et le sentiment d'agir des personnes impliquées, ce qui constitue un encouragement à poursuivre et améliorer ce type de dispositifs innovants, à l'intersection des mondes scientifiques, artistiques et citoyens.

7. Les démarches de création participatives au prisme des droits artistiques et culturels

« Les droits culturels protègent à la fois la sphère intime de l'individu et ses modes de relation aux autres. Ils se trouvent au cœur des discussions relatives au vivre ensemble, et sont par là même intimement liés aux enjeux de domination et de pouvoir dans les sociétés. »

« La dimension de la participation est celle par laquelle l'art et la démocratie au vrai sens du terme vont main dans la main. Penser l'art est penser la démocratie. »

Joëlle Zask

Les arts vivants dessinent des espaces où se jouent à travers le partage – ou non – du sensible, l'expression symbolique des rapports de forces ; des hiérarchies et des inégalités que fabrique notre société. La participation des habitant.es au processus de création artistique vient contester la répartition des rôles et des places de chacun.e à la fois dans l'espace esthétique et dans l'espace politique. En quoi les démarches de créations participatives sont-elles de transformation sociale ? À quelles conditions les droits culturels et artistiques de chacun.e sont-ils respectés dans les démarches collaboratives ? Quelle reconnaissance artistique pour les démarches artistiques soucieuses des droits culturels ?

7.1 Les démarches artistiques participatives, outil de transformation sociale ?

Les artistes associés du Théâtre du Grabuge sont engagés depuis 2001 dans la conduite de projets de création participatifs principalement dans des territoires prioritaires de la politique de la ville, mais aussi en territoire rural. Au plus près des habitant.e.s, en dialogue avec les acteurs culturels, sociaux, éducatifs et associatifs des territoires, nous mettons en œuvre des processus d'actions artistiques pour rêver d'autres possibilités de *vivre ensemble* par le *faire ensemble*. À travers des projets tels que *Dis-moi dans le secret pourquoi tu soupires et tu pleures* d'après *L'Odyssée* d'Homère à Eragny-sur-Oise ou à Bourg-en-Bresse, *Pose ta valise* à Vaulx-en-velin ou à Sevran, *D'ici et d'ailleurs* en Maurienne, ou *Alter égaux* à Lyon, notre enjeu – tout autant poétique que politique – est d'écrire collectivement une histoire à la fois locale et nationale riche des migrations et des identités culturelles plurielles qui composent notre société. Au fondement de notre démarche, cette hypothèse de Jacques Rancière : « *Une communauté émancipée est une communauté de conteurs et de traducteurs* »(2008). Nous allons à la rencontre des personnes là où elles se trouvent : au marché, au centre social, à la sortie des écoles, au collège, à la chorale, au foyer d'hébergement, au cours d'alphabétisation, à la maison de retraite, à la mission jeune, à l'atelier d'insertion… et nous mettons tout en œuvre pour susciter le désir de participer à la création d'un spectacle. Nous ne posons aucune condition à la participation des habitant.e.s, nous présupposons l'égalité des capacités des personnes à contribuer à l'élaboration d'un récit commun. Le travail artistique s'appuie sur les compétences des artistes professionnels et les ressources des habitant.e.s, nous traduisons ensemble en paroles, en chants, en images et en musiques le récit tout autant vécu que rêvé qui passe par la reconnaissance des singularités, des fragilités et des combats de chacun.e. Les évaluations qualitatives que nous faisons avec les participant.e.s confirment à chaque fois que la reconnaissance symbolique des identités plurielles dans l'espace public de la représentation produit des renaissances individuelles et des solidarités collectives nouvelles.

Dans ces belles tentatives de fabriquer du commun, je me suis parfois demandé si ces processus de création ne contribuaient pas à une forme de dépolitisation des conflits sociaux dans une logique de pansement et d'apaisement, sans aucun effet de transformation sociétale.

Dans l'introduction au dossier de la *Revue de l'Observatoire des Politiques Culturelles* consacrée à la participation des habitant.e.s, Marie-Christine Bordeaux et Françoise Liot soulignent que : « *la prolifération d'œuvres participatives est une alternative qui ne dit pas son nom – et qui ne peut en tenir lieu – à un déficit de démocratie culturelle. Ces œuvres participatives consensuelles et même plébiscitées, et acceptées aussi bien par les pouvoirs publics que par les participants eux-mêmes et les publics auxquels elles s'adressent (...) peuvent être belles et touchantes, mais elles constituent une illusion démocratique.* »

Comment s'y prendre alors pour que ces processus de création partagés soient aussi des outils de conscientisation collective des processus d'oppressions, de domination et d'assignations que fabrique notre société ? Comment évaluer en termes d'émancipation politique ce que produit ce type de démarche ?

Ces questions sont au cœur du projet du LaboThéâtre né en 2012 de ma rencontre avec Élise Vinet alors responsable scientifique d'une étude-action commandée par la ville de Lyon sur les discriminations multifactorielles envers les femmes dans les quartiers prioritaires lyonnais. Toutes deux engagées dans la lutte contre les stéréotypes de genres et le combat pour l'égalité femmes-hommes, nous avons décidé d'expérimenter la complémentarité de nos démarches. Partageant la conviction qu'une expérimentation artistique peut être aussi une expérimentation de transformation sociale, nous avons décidé de co-concevoir une recherche-action-création sur les discriminations multifactorielles qui associent artistes pluridisciplinaires, chercheuses et habitant.e.s de quartiers populaires. Dans la continuité des projets de la Compagnie Théâtre du Grabuge soutenue dans le cadre du volet culturel de la politique de la Ville de Lyon, le Labo Théâtre a été soutenu par la région Rhône-Alpes, le CGET, la métropole de Lyon et la Caisse des dépôts. Cependant, c'est essentiellement grâce au programme Art Citoyen de la Fondation Daniel et Nina Carasso dans le cadre du volet « Collaborations pluridisciplinaires entre artistes et chercheurs » que nous avons pu consacrer du temps et des moyens à la recherche scientifique et artistique pour mettre en œuvre le suivi et l'évaluation des ateliers « Petits Décalages »de 2014 à 2016 et aboutir en 2017 à la création finale du spectacle *Décalage-toi.*

7.2 Le Labo Théâtre ou comment articuler le respect des droits artistiques et culturels de chacun.e ?

Dans le respect des droits culturels, la participation est un processus complexe qui selon les travaux de Joëlle Zask[4] doit articuler trois composantes : prendre part, apporter sa part et recevoir sa part[5]. Le projet du labo Théâtre tente d'articuler ces trois dimensions. Chacun.e est en position de *donner sa part*, c'est-à-dire de contribuer à élaboration d'une œuvre commune, dont les contours sont redéfinis en permanence, alimentés par une pluralité d'apports singuliers. Chacun est aussi en position de *recevoir sa part*, c'est-à-dire d'augmenter à la fois ses capacités à traduire, à exprimer et comprendre sa propre réalité, mais chacun.e peut-être en mesure de *bénéficier de sa part*, par l'augmentation de la reconnaissance par autrui. Pour l'ensemble des participant.es, artistes professionnel.le.s, chercheur.e.s en sciences sociales, habitant.e.s et publics, le LaboThéâtre est conçu comme un mode de pluralisation des référents et un processus d'identification plurielle.

---

[4] Zask J. (2011), *Participer, Essai sur les formes démocratiques de la participation*, Le Bord de l'Eau.

[5] Voir notamment son intervention dans le cadre du chantier création de la démarche Paideia, 24 mars 2016, Mains d'œuvres, Saint-Ouen.

Le Labo théâtre repose sur le triple pari que le croisement des approches artistiques, scientifiques et expérientielles ouvre simultanément des formes collectives de lutte contre les discriminations porteuses de renouvellement de la participation des habitant.e.s à la vie démocratique, des formes de recherche-action porteuses de nouveaux savoirs scientifiques, et des formes artistiques porteuses de nouvelles esthétiques. Le brassage des identités et postures professionnelles, sociales ou culturelles recouvre un risque de reproduction des rapports dominé/dominants. Le souci du respect des libertés de toutes les parties prenantes fut au cœur du LaboThéâtre. Comment instaurer une relation suffisamment symétrique pour que chacun puisse y trouver un lieu d'expression, d'ouverture et d'enrichissement tout aussi social, professionnel, que culturel ? Comment maintenir simultanément des exigences de transformation sociale, des exigences scientifiques, et des exigences artistiques ? À condition de renoncer à la hiérarchie des postures, de déjouer la confusion des rôles et des compétences, d'accepter le conflit comme constitutif de ce type de démarche.

La pluralité et l'hétérogénéité des approches artistiques, scientifiques et expérientielles nécessitaient en amont de s'accorder sur un objectif commun : ici, favoriser la lutte contre les discriminations, mais aussi de définir des enjeux spécifiques liés aux degrés d'engagement des personnes. Lors des ateliers « Petits Décalages », il me paraissait important que chacun.e soit aussi en mesure de répondre à la question : « à quoi bon, pour moi, ce projet ? » Pour chaque participant.es – professionnel.le.s et non professionnel.le.s – le processus du LaboThéâtre a exigé des changements de postures. Notre devise était « Change de lunettes pour voir le monde ! », autrement dit « Mets-toi à la place de l'autre pour pluraliser ton point de vue ! ». Ces décalages et les frottements qui nécessairement en découlent font du LaboThéâtre le projet à la fois le plus réjouissant et le plus éprouvant que j'ai mené en vingt ans de pratique. Pour ma part, l'enthousiasme de croiser les regards d'artistes, de chercheur.e.s, et d'habitant.e.s a souvent coexisté avec la crainte de la confusion des rôles et des compétences. Demander aux artistes d'être des chercheurs, aux chercheuses d'être des artistes, aux habitants d'être des chercheur.e.s-artistes, n'était-ce pas prendre le risque de mettre tout le monde en difficultés et en échec ? À commencer par moi-même… Au début des ateliers « Petits Décalages », j'avais imaginé laisser aux participant.e.s le choix de décider de faire – ou pas – une restitution publique des textes écrits individuellement et des chants travaillés collectivement. Sans objectif de mise en forme artistique finale, me privant de l'espace de réalisation de mes compétences artistiques, j'ai aussi perdu un temps le sens et le désir de mener ce projet. Je ne pouvais ni décider à la place des autres, ni renoncer à jouer mon rôle. À moi donc la décision de mettre en scène, aux participant.e.s, la liberté de jouer le jeu. Plus tard, lors de la création du spectacle *Décalage-toi*, notre double exigence artistique et scientifique, l'ambition d'une écriture scénique pluridisciplinaire, le souci de croiser témoignages vidéo d'habitant.e.s et distanciation poétique ou burlesque, ont été source permanente de conflits et de discussions agitées au sein de l'équipe. Le Labo Théâtre s'est écrit avec nos forces et nos fragilités, nos craintes et nos résistances, nos engagements et nos désirs.

Nous retiendrons que l'articulation des droits artistiques et culturels de chacun.e est source de tensions permanentes, intimes et collectives, qui nécessite d'intégrer les conflits comme constitutifs d'une démarche authentiquement partagée.

La philosophe Chantal Mouffe défend l'idée que le conflit politique est inévitable dans une société démocratique, et qu'il importe de préserver des espaces d'expression des dissensus.. La démarche du LaboThéâtre repose sur ce même constat : « *Si politiquement, on refuse de nommer les oppressions alors les expériences d'injustices vécues par les gens ne sont plus visibles, plus audibles. Elles hurlent pourtant, mais sans caisse de résonance, et ça, ça ouvre la porte à toutes formes de récupérations, particulièrement extrémistes* »[6]. En favorisant l'expression et la reconnaissance des discriminations, le LaboThéâtre dessine des espaces d'expression des tensions sociales et de contestation l'ordre établi, tout en reconnaissant à chacun.e les capacités d'être acteur et actrice d'une société plus égalitaire, en cela, nous espérons qu'il contribue modestement, mais sûrement à ce que la philosophe Chantal Mouffe appelle une démocratie radicale et plurielle.

[6] Extrait du spectacle *Décalage-toi*, écriture collective.

7.3 Vers reconnaissance artistiques des démarches soucieuses des droits culturels ?

Du point de vue de la recherche artistique, le Labo théâtre se définit comme un espace d'expérimentations de processus participatifs qui vise à produire des œuvres à la fois exigeantes, didactiques, poétiques et partageables par tous les publics. La dernière question que je souhaite aborder ici concerne les difficultés que la compagnie Théâtre du Grabuge rencontre dans la diffusion du spectacle *Décalage-toi*[7], forme artistique née de l'écriture collaboratives des artistes-chercheur.e.s professionnels du LaboThéâtre, enrichies de témoignages vidéo des participant.e.s amateur.rice.s aux ateliers « Petits décalages ».

En juillet 2017, nous avons décidé de présenter *Décalage-toi* au Festival Off d'Avignon en faisant le pari que cette création documentaire sur les discriminations et l'émancipation pourrait rencontrer un large public et trouver des réseaux de diffusion. Alors même que *Décalage-toi* était parmi les 40 spectacles du Festival Off annoncés dans le programme du Festival In, et que nous avons recueilli chaque jour des retours enthousiastes des publics et de professionnel.le.s ou militant.e.s de l'éducation populaire, notre démarche n'a suscité que très modérément l'intérêt des programmateurs des scènes publiques subventionnées et aucunement celui de la presse culturelle.

Dans un article publié en 2014, intitulé « Le théâtre public, scène de l'émancipation… coulisse de dominations »[8], Bérénice Hamidi-Kim[9], enseignante-chercheuse en Arts de la scène dénonce les rapports de forces, les hiérarchies et les inégalités qui traversent le monde du

---

[7] *Décalage-toi* est une production 2017 du Théâtre du Grabuge avec le soutien du CGET (de la SPEDIDAM et de la Fondation Daniel et Nina Carasso dans le cadre du programme « Art citoyen »). Idée originale et mise en scène : Géraldine Bénichou, co-conception : Élise Vinet. Écrit et interprété par : Myriam Baldus, Sylvain Bolle-Reddat, Anne Geay, Alaoua Idir et Élise Vinet.

[8] Hamidi-Kim B., « Le théâtre public, scène de l'émancipation... coulisse de dominations », en ligne sur le site Rue du Conservatoire.

[9] Bérénice Hamid-Kim est membre de l'Institut Universitaire de France, directrice du laboratoire Passages XX-XXI, maîtresse de conférence en Arts de la Scène au département, à l'université Lyon 2.

théâtre public. Selon son analyse, la démarche de la Compagnie Théâtre du Grabuge relève d'un « *théâtre d'art social* » qui vise « *la refondation d'une communauté théâtrale politique* » en tentant de renouveler la définition de l'œuvre d'art par le refus du partage entre acteurs et spectateurs, entre professionnel.le.s et non professionnel.le.s. Bérénice Hamidi Kim souligne à quel point cette position est dévalorisée « *parce qu'elle n'est pas centrée sur le projet de faire de belles œuvres en bonne et due forme, mais sur celui de faire de l'art l'outil d'une action sociale et politique.* ». Quelle place pour les démarches artistiques soucieuses des droits culturels dans cette hiérarchie des valeurs qui préside encore largement à la répartition des moyens dans le milieu institutionnel du spectacle vivant ?

Le livre blanc de la diversité paru en mai 2017, fruit du travail du Collège de la diversité du ministère de la Culture, souligne que les expériences menées en faveur de la lutte contre les discriminations sur les territoires de la politique de la ville sont encore bien trop peu valorisées et qu'elles doivent être davantage reconnues et soutenues par le ministère de la Culture. Est-ce que l'inscription des droits culturels dans la loi de 2016 relative à la création, à l'architecture et au patrimoine peut favoriser la reconnaissance des processus de création participatifs qui répondent à des enjeux cruciaux de démocratie culturelle ?

8. *Décalage-toi,* une histoire de personnes en mouvement

Décalage-toi est le titre du spectacle auquel a abouti le processus du LaboThéâtre, c'est aussi une histoire des personnes qui ont accepté d'être interrogées et décalées intimement dans leur parcours, leurs pratiques, leurs engagements.

Sylvain, Élise livrent ici leurs points de vue « très » situés, Myriam, un slam, Dahbia et Ghilas, leurs textes témoignages.

8.1 Des catégories, du féminisme et de la joyeuse militance, par Sylvain Bolle-Reddat[10]

« *Moi je suis Sylvain. Je suis un homme blanc de plus de quarante ans. Il faut entendre par là, le groupe des dominants. Je suis né dans un quartier populaire qui est devenu un quartier bourgeois, est-ce que je suis devenu bourgeois ? Non j'ai pas une thune, je ne suis même pas propriétaire ! Donc je n'ai rien à perdre si tout change. Et si je n'ai rien à perdre, c'est peut-être que j'ai à gagner. Alors pourquoi j'ai peur ? Peut-être que j'ai peur de ma propre liberté. Peut-être que j'ai peur de voir le racisme, le sexisme, le classisme.*

Se dire féministe pour un homme dans notre société ne va pas de soi. Il y a toujours une sorte de suspicion. Durant tout le processus de travail autour du LaboThéâtre et de Décalage-toi, *j'en ai fait l'expérience. Pendant les ateliers et les répétitions, arrivait périodiquement une étape où je sentais le besoin de fuir. Moi l'homme, j'étais submergé par une angoisse, une sorte de conflit de loyauté. Je ne me voyais plus qu'homme, blanc, dominant, et ça m'étouffait. De ces frottements hommes-femmes, de ces frottements entre racisés et non racisés, de ces frottements artistico-scientifiques est née une réflexion collective autour de la question de l'émancipation. On ne ressort pas indemne d'une telle recherche. Aujourd'hui je suis toujours, moi Sylvain, comédien et auteur, et si parfois je me sens boiteux c'est que je suis en mouvement.* »

8.2 Pour des futurs pluriels et émancipés… commencer par soi, par Élise Vinet[11]

Comment rendre compte d'un cheminement marginal dans le paysage scientifique actuel, d'une recherche *en, sur* et *pour* l'action ? D'une recherche qui tend à se construire non plus *sur* les gens, mais *avec* les gens. Les gens… des gens non plus *objet,* mais enfin *sujets* d'étude. Comment, si ce n'est dans une forme artistico-scientifique elle-même plurielle, non normative et mouvante ? Une forme enrichie en

---

[10] Sylvain Bolle-Reddat est auteur et comédien, artiste associée au Labo Théâtre, co-fondateur de la Compagnie Théâtre du Grabuge.

[11] Élise Vinet, responsible scientifique du Labo Théâtre est aussi, co-conceptrice, auteure et interprète du spectacle *Décalage-toi.*

permanence de nouveaux regards, de nouvelles histoires, de nouvelles recherches, de nouvelles mélodies traçant les contours à la fois singuliers et universels d'une probable émancipation. Une forme plurielle pour rendre compte de phénomènes et d'êtres pluriels.

Je n'ai pas troqué le dictaphone de scientifique contre les projos de la scène. J'ai choisi justement d'exercer et d'épanouir ma pluralité dans un projet pluriel. Un projet réclamant la remise en question de l'opposition entre regarder et agir ; entre scientifique et artiste ; entre penser et sentir ; réfléchir et exprimer ; analyser et faire l'expérience. Être pleinement moi-même, rassemblée dans ma propre pluralité : chercheuse, psychologue sociale, enseignante et formatrice, comédienne, musicienne, politisée, féministe, citoyenne, femme d'après l'état civil, mais c'est si réducteur au regard de nos multiples sexes chromosomiques déjà, gonadiques ensuite, corporels enfin... Pour inviter chacun.e à (re) trouver son centre. Commencer par soi. Être moi-même au sein d'un collectif rassemblé autour d'un même projet de changement social à visée d'émancipation. Un tel projet ne se fait certes pas sans doute, pas sans incompréhensions voire sarcasmes d'« autrui-normatif », pas sans difficulté. Il ne se fait pas non plus sans une visée collective, pas sans une profonde conviction, pas sans passion, pas sans l'utopie de proposer et de tenter d'incarner, ensemble, des futurs pluriels et émancipés.

8.3 Extrait du texte témoignage vidéo de Dahbia[12]

« *Pendant 14 ans, j'étais prisonnière dans ma maison. Le gardien, c'est ma moitié, mon mari. Mon mari et sa famille ont voulu gommer ma personne. Mes belles-sœurs sortaient, travaillaient, font leur vie. Ma belle-mère, salariée. C'est elle, le chef de la famille. Moi, je viens du bled, je suis là que pour rester à la maison, faire des enfants, la femme de ménage, esclave de mon mari, et de toute la famille. Le jour où j'ai refusé leurs lois, mon mari et sa famille ont voulu me jeter comme une vieille chaussette. J'ai divorcé, oui, j'ai divorcé. Je me retrouvais seule, vraiment perdue dans cette grande ville. Je ne connaissais pas mes droits. Je me suis battue pour rester ici avec mes*

[12] Dahbia a participé aux ateliers « Petits décalages », son texte témoignage vidéo est dans le spectacle *Décalage-toi*.

cinq enfants. Aujourd'hui, pour trouver ma place parmi les femmes de France, je vais partout, je suis partout. Je vais au pôle informatique Vénissieux, centre social Mermoz-Pinel, la rose de Mermoz, jardin collectif ; cercle de lecture printemps de poètes. Aujourd'hui, je suis là, aujourd'hui j'ai trouvé la vraie Dahbia, Dahbia du bled, de la Tunisie, bénévole partout, libre comme un oiseau. Aujourd'hui, tout le monde connaît Dahbia, aime Dahbia, la maman qui élève seule ses cinq enfants, capable et confiante. Aujourd'hui, j'ai trouvé ma place parmi les femmes de France. »

8.4 Extrait du texte témoignage vidéo de Ghilas[29]

« *Depuis que je suis tout petit, on m'a toujours répété : le paradis se trouve sous les pieds de ta mère. Ma mère, elle a beaucoup marché pour nous donner le paradis. Elle a beaucoup sué pour nous offrir le paradis. Son indépendance, personne ne lui a donné, elle l'a prise, pour elle, et pour nous ses enfants. On est encore loin du paradis, mais on avance. Je suis un homme de 22 ans qui habite dans un quartier pauvre. J'ai une barbe. Ça fait peur, hein ? Je suis musulman, je suis né musulman et je mourrai musulman. C'est une religion de paix, de solidarité et d'amour. Moi, je suis devenu un homme, le jour où j'ai travaillé avec des personnes extraordinaires, des handicapés physiques. Ça m'a bouleversé, j'avais 19 ans. Là face à Jean-Pierre, un paraplégique non voyant : en le lavant, en le rasant, en le nourrissant, tout d'un coup j'ai grandi ! Ça a donné une direction à ma vie et j'ai commencé une formation d'animateur. Dans la formation, j'ai une copine lesbienne. L'homosexualité, c'est contraire à mon éducation, mais elle c'est ma copine, j'ai franchi un cap. Ça me choque toujours de la voir embrasser une femme dans la rue. En famille, on n'évoquait jamais la sexualité. Moi, quand j'aurai des enfants, je pense que je leur en parlerai.* »

8.5 Extrait du slam De la canne à sucre au béton de Myriam Baldus[30]

De la canne à sucre au béton sans être armée je suis passée
Dans ses rues où personne ne me donne la main pour traverser
Du haut de mes jeunes années, j'regarde les tours me dépasser
Ma mère est à « l'usine »

Se sue jusqu'à la sève pour que le loyer s'aligne
Sur sa peau vinyl, son diamant pleure des sillons de Salines
Lumière d'exil où l'amour se saigne
Pour que chante tel Cimarron au-dessus des cimes
L'essentiel sensible qui sublime son « enzyme »
Sous un ciel de cendre ma belle étoile me dit
Que depuis ma première pluie
C'qui est en moi est plus grand que n'importe quel pays
« Accent » ou non francisé, afro ou défrisé
Mon flow franc et ciselé combat tel Cassius Clay
Pour ma « singularité »
Je ne suis pas prisonnière de l'histoire
Il y a ma vie prise au lasso de l'existence. Il y a ma liberté
Je suis mon propre fondement
Mes rêves n'ont aucune dette
Chevillés à leurs idylles comme un c à sa cédille
J'ai tracé mes « sillons ».

Bibliographie

Apostolidis T. (2006),« Représentations Sociales et Triangulation : Une Application en Psychologie Sociale de la Santé »,*Psicologia: Teoria e Pesquisa,* vol. 22, n° 2, pp. 211-226.

Becker J.-C., Wright S.-C., Lubensky M.-E., Zhou S. (2012), « Friend or Ally : Whether Cross-Group Contact Undermines Collective Action Depends on What Advantaged Group Members Say (or Don't Say) »,*Personality and Social Psychology Bulletin,* vol. 39, n° 4, pp. 442-455.

Dixon J., Durrheim K., Thomae M., Tredou C., Kerr P., Quayle M. (2015),« Divide and rule, unite and resist: Contact, Collective action and Policy attitudes among historically disadvantaged groups »,*Journal of Social Issues,* vol. 71, n° 3, pp. 576-596.

Felstiner W. L.F., Abel R.L., Sarat A. (1980),« The Emergence and Transformation of Disputes: Naming, Blaming, Claiming »,*Law & Society Review*, vol. 15, n° 3/4, pp. 631-654.

Flick U. (1998), *An Introduction to Qualitative Research*, 1eédition, Sage.

Mouffe C. (2015), *Agonistiques. Penser politiquement le monde*, Beaux-Arts de Paris Editions.

Neveux O. (2014), « Difficultés de l'oppression. Remarques sur la théorie du "théâtre de l'opprimé" », *Tumultes*, n° 42, pp. 191-207

Oliveira C.-S. (2014),« Empowerment labs : Gender equality, Employability and Theatre catalyzing social change »,*Social and Behavioral Sciences*,n° 161, pp. 56-63.

Rancière J. (2008),*Le spectateur émancipé*, La Fabrique Éditions.

Sweetman J., Leach C.W., Spears R., Pratto F., Saab R. (2013),« "I Have a Dream" : A Typology of Social Change Goals »,*Journal of Social and Political Psychology*, n° 1, pp. 293-320.

VinetÉ. (2017),« Rechercher *en* actions et *sur* l'action artistico-scientifique pour quelles transformations ?», *inLa ville : quel genre ? L'espace public à l'épreuve du genre* (FaureE., Hernandez-Gonzales E., Luxembourg C. (dir.)), Le Temps des Cerises, pp. 263-278.

Zask J. (2012), « Art et démocratie sont-ils antinomiques ? », *L'Observatoire*, vol. 2, n° 41, pp. 51-56.

Détention et accès à la pratique artistique et culturelle : retour d'expérience

Alexandre CASTERA[1]

Introduction

Les arts au mur artothèque, un lieu d'art contemporain tourné vers tous les publics grâce à son mode d'action original, le prêt d'œuvres.

L'artothèque favorise les interactions des différents acteurs dans la ville, et plus largement dans la région et interroge la place de l'artiste dans la société et les modes de transmission de l'art contemporain autour d'un projet artistique innovant et d'un mode d'action original, le prêt d'œuvres. Une collection de plus de 900 œuvres peut être empruntée par des particuliers, scolaires, universités, entreprises, collectivités, espaces sociaux, hôpitaux, prison…

En privilégiant la proximité et l'intimité avec l'œuvre, l'artothèque permet une expérience esthétique inédite et privilégie un cheminement personnel au cœur de la création artistique contemporaine.

---

[1] Alexandre Castera, est médiateur à l'artothèque Les arts au mur. L'artothèque, lieu d'art contemporain original en région Aquitaine, Les arts au mur favorisent autour du prêt d'œuvres les échanges entre des publics divers et la création visuelle contemporaine. Expositions, résidences, conférences, sensibilisation, actions éducatives s'articulent autour de sa collection en mouvement de 900 œuvres, empruntées par des particuliers, scolaires, universités, entreprises, collectivités, espaces sociaux, hôpitaux, prison… Ouverture, mixité sociale et culturelle, convivialité, engagement, sont au cœur de ses valeurs. Une artothèque permet à tous les publics de choisir et d'emporter une œuvre d'art contemporain originale chez soi ou sur son lieu de travail. En promouvant l'art à domicile, l'artothèque instaure un nouveau type de relation avec l'art et favorise la connaissance et la diffusion de l'art contemporain auprès de publics diversifiés. La présence de cette œuvre à la maison, à l'école ou au bureau pendant deux mois va permettre une approche lente, ouverte et passionnante de l'art contemporain.

Une programmation artistique et culturelle est mise en œuvre pour diffuser et sensibiliser aux démarches des artistes présents dans la collection :expositions, résidences, programme culturel, actions en milieu scolaire, hospitalier et carcéral, projets de territoire…

Chaque année, plus de 50 000 personnes découvrent les nombreuses propositions imaginées par l'artothèque.

1. Droits culturels et accès à la pratique culturelle en prison : dans les textes.

Depuis 2011, l'artothèque travaille en étroite collaboration avec le centre pénitentiaire de Bordeaux-Gradignan et l'ENAP (École Nationale d'Administration Pénitentiaire). L'accès à la culture est un des éléments du parcours d'insertion ou de réinsertion d'une personne placée sous main de justice. Les actions de l'artothèque dans le cadre des projets à destination du monde carcéral visent à favoriser l'accessibilité à la culture pour les personnes sous main de justice, maintenir un lien avec la vie sociale et culturelle à l'extérieur, mais également découvrir de nouvelles pratiques artistiques ainsi que valoriser des actions collectives en détention.

L'artothèque n'agit pas hors cadre. Ses actions s'inscrivent pleinement dans les objectifs de réinsertions promus par l'état et l'administration pénitentiaire. Sans ces missions définies, il est fort à parier que ses projets n'aboutiraient pas. Le préambule de la circulaire du 3 mai 2012 relative à la mise en œuvre de projets culturels destinés aux personnes placées sous main de justice précise à ce titre que :

« *Le protocole rappelle que l'accès à la culture est un droit fondamental, au même titre que l'éducation ou la santé. Or les personnes concernées font partie des publics les plus éloignés de l'offre culturelle. C'est pourquoi il affirme l'action volontariste des services du ministère de la Justice et des Libertés et du ministère de la Culture et de la Communication, qui contribue ainsi à l'insertion et à la prévention de la délinquance et de la récidive. En effet, la culture est un vecteur d'ouverture et d'échange. Elle a une vertu éducative et citoyenne qui contribue à la revalorisation de l'estime de soi, à la maîtrise des fondamentaux, à l'approfondissement des savoirs de base, et à l'acquisition des compétences professionnelles.* »

« *Pour les majeurs placés sous main de justice, le projet culturel est de la responsabilité du directeur du service pénitentiaire d'insertion et de probation. Il désigne un référent qui peut être le coordonnateur culturel.* »

De l'aveu des conseillers d'insertion et de probation du SPIP – Service Pénitentiaire d'Insertion et de Probation – Bordeaux-Gradignan, il est difficile de concilier d'une part les activités « courantes » propres au service ainsi qu'à la personne détenue, d'autre part son avenir législatif et l'organisation d'activités culturelles qui sont reconnues d'ordre obligatoire, mais qui, tant qu'elles ne sont pas remises en question, restent d'une importance primordiale.

La circulaire indique également :

« *Pour que l'accès à la culture réponde véritablement aux besoins des personnes sous main de justice et des mineurs sous protection judiciaire, il est essentiel que les intervenants culturels et les personnels du ministère de la Justice et des Libertés développent une culture et une méthodologie de projet communes.* »

Pour répondre avec un minimum d'exigence aux prérogatives définies par la circulaire citée ci-dessus, il convient de consacrer un temps considérable à l'établissement d'un état des lieux de l'offre existante : déplacements sur le territoire pour assister aux spectacles, aller voir les expositions, les concerts, solliciter les partenaires et les rencontrer, définir ensemble les modalités d'intervention en milieu carcéral et co-construire les projets, gérer les calendriers, dresser le bilan des actions menées…

Une des priorités de la coordinatrice culturelle du SPIP Bordeaux-Gradignan, avec qui nous travaillons, est de « *proposer aux personnes en détention une offre fidèle ou du moins représentative de celle disponible sur le territoire sur lequel s'inscrit l'établissement* ». Cette intention marque une volonté forte de respecter une forme d'égalité entre les personnes sous main de justice et celles en liberté.

Pour comprendre le rôle d'un conseiller SPIP, il faut considérer la diversité de leurs missions, entre l'aide à la préparation à la sortie de prison par le développement et la coordination d'un réseau de partenaires institutionnels et associatifs, l'accompagnement des personnes incarcérées dans l'accès aux dispositifs d'insertion de droit commun (logement, soin, formation, travail…) et enfin l'aide au maintien des liens familiaux.

Et au regard de la situation actuelle de la population en milieu carcéral (au 1er janvier 2017 : 5 095 personnels SPIP pour 249 942 personnes sous main de justice, dont 78 796 personnes sous écrou et près de 164 146 personnes suivies en milieu ouvert), il est aisément concevable que la disponibilité d'un conseiller ne lui laisse que peu de place pour envisager sereinement une proposition culturelle qualitative.

Une des particularités du SPIP Bordeaux-Gradignan réside dans le fait qu'il emploie une personne à temps partiel, mais dont l'action est entièrement consacrée à la coordination des projets culturels. Ce n'est pas le cas dans tous les établissements pénitentiaires et ce fonctionnement avec une personne « consacrée » favorise la mise en place d'une offre culturelle qualitative et fidèle à celle existant à l'extérieur de l'établissement.

Pour les intervenants extérieurs que nous sommes, ce rôle est primordial du fait des difficultés rencontrées lorsque l'on découvre l'univers carcéral. L'environnement particulier du fait des contraintes de sécurité, de la circulation et de l'orientation dans l'établissement parmi ses nombreux sas et portes, l'obtention des autorisations nécessaires (entrée de personnes, de véhicule, de matériel), les appels des détenus inscrits aux activités auprès des surveillants, fait de la disponibilité de ce conseiller un paramètre essentiel au bon déroulement des activités. Mais il y a un paramètre sur lequel le conseiller SPIP n'a que peu de prise : les participants.

2. Détention et accès à la pratique artistique et culturelle : retour d'expérience

En débutant la réflexion sur les projets que nous allions mettre en place à destination des détenus du Centre pénitentiaire de Bordeaux-Gradignan en 2011, il nous est apparu important d'évaluer plusieurs enjeux.

Les personnes détenues considérées ici comme destinataires des activités artistiques et culturelles constituent du propre aveu de l'autorité pénitentiaire : « *un des publics les plus éloignés de l'offre culturelle* ».

Considérer le public carcéral par rapport à cette situation de « *public le plus éloigné de la culture* » pose plusieurs questions. Est-ce l'offre qui fait défaut ou est-ce le public qui n'est pas demandeur ? En outre, la définition de « public captif » semble toute désignée pour définir le public carcéral, qu'en est-il vraiment ?

L'artothèque a donc mis en place différentes propositions à l'attention des publics dans le centre pénitentiaire : exposition d'œuvres au quartier hommes, femmes et CPA – Centre pour Peines Aménagées –, médiation autour des œuvres exposées, ateliers d'expérimentation et de sensibilisation quartiers hommes et femmes, interventions d'artistes.

Tous les projets envisagés par l'artothèque le sont en fonction des structures et des publics destinataires. Dans ce but, plusieurs entretiens préalables avec la conseillère SPIP ont été organisés et se sont déroulés à l'artothèque et au centre pénitentiaire. Les locaux de l'établissement n'étant pas conçus pour accueillir des œuvres ou des expositions, plusieurs visites des lieux, notamment pour définir les futurs emplacements des œuvres ont été nécessaires. Dans le quartier hommes, il est ainsi apparu pertinent d'en installer au SMPR (Service Médico Psychologique Régional) en considération du nombre important de détenus qui le fréquentent. D'autres œuvres sont exposées devant les parloirs et dans le couloir d'accès aux cellules du quartier femmes.

La préoccupation première restait de trouver des thématiques de travail qui associent les problématiques des personnes en détention, tout en respectant la démarche des artistes dont les œuvres seraient présentées. Lors de nos visites, les relations entre les personnes, détenus et détenus, détenus et surveillants, détenus et intervenants extérieurs nous sont apparues plus complexes, plus difficiles du fait de la fonction même de l'établissement : environnement sécuritaire contraignant, autorité, proximité voire promiscuité, enfermement, relation au temps perturbée et du lieu en lui-même, imposant, oppressant, bruyant.

Les notions d'altérité, d'intimité, d'espace et d'estime de soi furent par exemple les premières à être développées au cours d'un atelier avec les détenues du quartier femmes. La dernière séance de l'atelier consistait à réunir les détenues autour de leurs créations et de leur proposer d'écrire sur leur expérience et de jouer le rôle de commissaires d'exposition en sélectionnant ce qui leur semblait pertinent d'exposer. En effet, nous avions obtenu l'autorisation d'organiser durant les semaines qui ont suivi cet atelier, une exposition de leurs travaux, dans leur bâtiment. Bien qu'impliquant des créations personnelles, voire intimes, elles ont montré un enthousiasme fort et nous ont confié ressentir une forme de reconnaissance de voir leur travail exposé et une fierté de le présenter à leurs codétenues.

Une autre notion qui semblait importante à aborder, relativement évidente à l'extérieur, mais terriblement compliquée par l'environnement carcéral, bien que nécessaire et reconnue comme primordiale dans la perspective de réinsertion, est celle du lien familial. La collection de l'artothèque ne disposant pas d'œuvres traitant spécifiquement et en nombre suffisant de cette thématique, il a été décidé de travailler autour de l'art postal et du mail art, qui présentait l'avantage d'être exploré par de nombreux artistes (surréalistes, dadaïstes, fluxus) et permettait de favoriser les échanges entre familles et détenus tout en faisant découvrir à ces publics un pan de l'histoire de l'art. En parallèle, un atelier a été mis en place avec l'artiste Cédric Couturier qui travaille sur le corps et ses mouvements dans le but de réaliser des séquences vidéo mettant en scène des gestes entrepris par les enfants des détenus à l'extérieur et terminés par leurs pères en détention. Après montage vidéo le résultat visait à contourner symboliquement le mur physique qui sépare les détenus de leur famille.

Un autre atelier s'est tenu avec l'artiste Sylvain Bourget aux quartiers hommes et femmes et a abouti à la production d'une vidéo intitulée *Rites, routines, rituels* coréalisée par les détenu.e.s. Ce travail a été montré dans le cadre de l'exposition Champ libre – De la détention à une collection en partenariat avec le musée d'Aquitaine, ALIFS – Association du Lien Interculturel Familial et Social –, le SPIP 33 et le centre pénitentiaire de Bordeaux-Gradignan. À cette occasion, une détenue a obtenu une permission de sortie et a pu participer au vernissage.

Concernant l'exposition régulière des œuvres de la collection de l'artothèque, une première contrainte qui s'est imposée à nous paraissait évidente et concerne la sélection des œuvres proposées. Si nous n'avons pas fait l'objet de « censure » quant aux artistes ou aux thèmes choisis, il nous a été fortement déconseillé d'utiliser des visuels encourageant la sexualité ou la violence. La seconde plus technique a restreint la diversité des choix aux œuvres qui ne sont pas encadrées « sous verre » ne nous autorisant à exposer que les œuvres encadrées sous plexiglas en raison du danger que peut représenter un morceau de verre brisé.

Lors d'une de nos premières venues au centre pénitentiaire, nous avons également rencontré les surveillants pour leur présenter le projet. Ressentant une certaine réticence de la part de certains d'entre eux, nous avons cherché à comprendre pourquoi lors de discussions. Il est apparu que, d'une certaine façon, il leur semblait injuste que les détenus bénéficient d'une pluralité de propositions culturelles qu'ils considèrent comme des privilèges, au regard des difficiles conditions de travail des surveillants. Nous avons par exemple bénéficié de l'assistance d'un technicien pour accrochage de nos œuvres alors qu'eux réclamaient l'installation d'un sèche-main depuis des semaines.

L'implication des surveillants dans le projet nous semblait, avant même ces échanges, un des facteurs incontournables de réussite du projet.

Nous les avons donc sollicités dès le début, en les invitant à participer au choix des œuvres à exposer et en les faisant participer aux séances de médiation. Avec le temps, leur considération du projet a changé et ne leur paraissait plus seulement destiné aux personnes détenues, mais bien à toutes les personnes présentes, incluant les détenu.e.s, les surveillant.e.s mais également le personnel médical du SMPR (Service Médico Psychologique Régional), les visiteurs (avocats, familles) et le personnel administratif.

Cette relation avec les surveillants et l'ensemble du personnel pénitentiaire est importante notamment dans la mise en place des ateliers. À l'instar des conseillers SPIP, l'accompagnement des intervenants culturels n'est pas leur mission prioritaire. Pour eux, et cela est légitime, la sécurité prime. De fait, l'appel des détenus pour les faire sortir de cellule et les conduire aux salles d'activités ne se fait pas systématiquement de manière simple. En tant qu'intervenant, nous n'avons pas à savoir pourquoi tel ou telle détenu.e ne sera pas présent.e, ni s'il/elle le sera dans les prochains jours. Parfois les surveillants ne le savent pas eux-mêmes.

Lors des ateliers qui ont été menés autour des œuvres de la collection, nous avons décidé de ne pas changer notre façon de travailler au regard de la catégorisation précédemment citée du public carcéral en tant que public éloigné de la culture. Nous avions décidé de nous adapter sur le moment, aux personnes présentes.

Lors de la première rencontre, nous nous sommes présentés à une quinzaine de détenues du quartier femmes. Nous avons présenté notre structure ainsi que les activités s'y déroulant et commencions à évoquer le contenu de l'atelier du jour. Nous nous sommes alors interrompus, car certaines femmes semblaient expliquer à d'autres ce que nous disions. Nous leur avons proposé de revenir plus en détails sur des points qu'elles n'auraient pas compris, mais l'une d'entre elles expliqua dans un français correct, mais avec un fort accent étranger que la plupart des personnes présentes n'étaient pas françaises et donc ne parlaient quasiment pas la langue et qu'elle faisait donc la traduction au fur et à mesure de ce que nous disions. Il nous a fallu, pour les jours suivants, préparer nos interventions en anglais afin d'éviter ces traductions au fur et à mesure, beaucoup trop chronophages. La barrière de la langue est un paramètre relativement important, même si cette situation ne s'est reproduite que rarement lors de nos interventions ultérieures.

La médiation est une des missions premières de l'artothèque. Par médiation est entendu ici l'établissement d'un lien par l'entremise d'un tiers entre une personne et une création artistique. Cette notion est relativement subtile, car il est facile de livrer prématurément tous les secrets de l'œuvre et ainsi priver son spectateur d'une compréhension, d'une appréciation personnelle et *a contrario* il est également facile de ne pas intéresser le public à l'œuvre présentée en la conservant trop à distance.

Des séances de médiation sont organisées régulièrement autour des œuvres exposées. Lors de moments courts, sous forme d'échanges informels, il est plus aisé de créer ce moment privilégié qui va permettre la rencontre entre une personne et une œuvre.

En la matière, un exemple intéressant à plusieurs titres est celui du CPA. Il est ici important de préciser la notion de public captif. Dans les autres quartiers du centre pénitentiaire, la participation aux activités se fait sur le principe du volontariat. Ici, les détenus sont dans l'obligation de respecter un emploi du temps où plusieurs heures d'activités quotidiennes sont planifiées. Parmi celles-ci, une séance de médiation d'une heure et demie durant laquelle doit se faire la présentation des cinq œuvres qui y sont exposées.

Cette forme a été difficile à rendre effective auprès des détenus. Le temps est trop long et nécessite de rentrer dans la complexité des œuvres et la démarche de l'artiste, ce qui a eu pour effet à plusieurs reprises de lasser les personnes présentes qui se voyaient proposer une présentation trop spécifique, voire spécialisée. Jusqu'à présent, nous nous refusions à donner un cours d'histoire de l'art pour plusieurs raisons : un médiateur n'est pas un enseignant et donner un cours à des personnes qui n'en ont pas exprimé le besoin revenait à leur reconnaître des lacunes par *a priori*.

Il a donc été décidé de proposer un cours ouvert, participatif balayant au travers de quelques œuvres emblématiques l'histoire de la fin du XIXe à nos jours. Le but étant de passer chronologiquement d'images connues ou de personnages reconnaissables par tous à des œuvres contemporaines en les resituant dans leur contexte sociétal et à faire des ponts entre les époques et les régions du monde. Cette méthode a le mérite de permettre de toucher toutes (ou presque) les différentes cultures des personnes présentes et de faciliter un débat ouvert, riche et non excluant. En effet, les personnes présentes n'ont pas eu de cours ou d'information commune au préalable, chacun arrive avec son propre bagage culturel et donc des connaissances très diverses. L'interactivité et la modularité du « cours » permettent de ne pas lasser ceux qui en savent beaucoup et de ne pas perdre ceux qui ne reconnaissent pas toutes les références citées. Le but étant que tous partent avec des notions de base, leur permettant de comprendre le sens d'une œuvre ou du moins de se poser les questions qui aideront à sa compréhension.

Enfin l'artothèque s'implique également auprès de l'ENAP (École Nationale d'Administration Pénitentiaire) et répond ainsi également aux recommandations de la circulaire du 3 mai 2012 relative à la mise en œuvre de projets culturels destinés aux personnes placées sous main de justice :

« *Le rôle de la culture dans les parcours d'insertion des personnes placées sous main de justice et des mineurs sous protection judiciaire, fait l'objet d'actions de sensibilisation en formation initiale et en formation continue de tous les professionnels, à l'école nationale d'administration pénitentiaire (ENAP) et à l'école nationale de protection judiciaire de la jeunesse (ENPJJ).* »

Le partenariat avec l'ENAP à Agen est engagé depuis octobre 2012. Des expositions présentant les projets menés par l'artothèque en milieu carcéral et des séances de médiation y ont été proposées aux enseignants et aux élèves, dans l'objectif de les sensibiliser à l'accueil de projets artistiques et culturels quand ils seront en situation professionnelle.

Enfin en 2016 et 2017, dans le cadre de la journée Formation Culture à destination des élèves conseillers SPIP, sont proposées deux sessions d'ateliers/formation en collaboration avec le lieutenant du CPA (Centre pour Peines Aménagées) et d'un conseiller SPIP. Ces temps de formation mettent l'accent sur le fait que les futurs conseillers SPIP ne sont pas formés pour être des conducteurs de projets culturels. Certains ne sont même pas sensibilisés, avant cette journée de formation, à l'intérêt de la présence de la culture en milieu carcéral.

À l'instar de tous les projets menés par l'artothèque, celui conçu à l'attention des personnes au centre pénitentiaireBordeaux-Gradignan à nécessité adaptabilité au regard des contraintes de sécurité propres à la fonction du lieu, réactivité du fait de la diversité, notamment linguistiques des personnes y résidant et surtout intégrité et ouverture d'esprit. Car si les personnes ne sont potentiellement pas différentes de celles que l'on croise à l'extérieur, il est une chose dont il est difficile de faire abstraction : la raison pour laquelle elles y sont. Si la plupart ont une propension évidente à en faire part, comme pour se justifier, le rôle d'un intervenant culturel n'est pas d'en juger, au contraire, il lui incombe de ne pas laisser quelque appréciation que ce soit affecter son implication à leur égard. Cette intention prévaut pour toutes les actions menées par l'artothèque, quels que soient le partenaire et la situation des personnes destinataires. Mais il est plus facile ici plus que partout ailleurs de tomber dans le questionnement de la légitimité de tels projets, de privilégier l'exclusion aux dépens de la communion. Il est important de garder à l'esprit le rôle premier de ces actions organisées au profit des détenus, celui de contribuer à la réussite bilatérale d'un retour au sein de la société.

Les archives LGBTI :
le droit à un lieu pour sa culture

Christian TANGUAY[1]

Introduction

En juin 2017, lorsque j'ai rencontré les membres des archives LGBT du centre LGBT de Montréal, j'ai mesuré à quel point la France était en retard sur ce sujet. À écouter ces militant.e.s, il apparaissait évident que la question des « droits culturels » passait aussi par un droit d'accès à la culture et, pour ce qui concerne les contre-cultures ou les cultures subalternes, un droit à les répertorier, les archiver, les collecter. Les droits culturels résonnent alors comme un rempart à l'oubli. En France la question des archives LGBT – comme celle du féminisme d'ailleurs - bat son plein depuis quelques années et, depuis l'été 2017, cette question commence même à trouver un écho du côté des prises de positions politiques. La mairie de Paris, ou tout du moins certain.e.s élu.e.s, milite à côté des associations pour qu'un lieu puisse enfin accueillir ces archives. Ce sont en réalité des milliers de coupures de presses, de vidéos, de témoignages, de lettres, d'histoires individuelles ou associatives qui se perdent au fur et à mesure que leurs propriétaires décèdent ou, le plus souvent, s'en débarrassent, faute de lieu pour les héberger. Et, à chaque fois, c'est quelque part une partie de la culture LGBTI qui s'efface ou se disperse. Les droits culturels se lient à cet égard aux questions mémorielles : pour se rappeler du passé, encore faut-il pouvoir matériellement l'accueillir.

Il y a de cela plus de vingt ans, un jeune garçon se questionnait sur l'attirance qu'il pouvait éprouver pour l'un de ses camarades de classe. Le tout dans le plus grand des silences puisqu'il ne s'agissait, à ce moment-là, que d'interrogations intérieures. Pourquoi alarmer tout son entourage, se disait-

[1] Christian Tanguay est responsable du centre communautaire LGBT de Montréal.

il ? Qui sait, peut-être se trompait-il et que cette attirance était sans lendemain. Mais une chose était certaine pour lui : depuis le premier jour où il avait mis les pieds dans une cour de récréation, le fait de paraître homo était un sujet d'invectives et de moqueries par ses pairs. Après avoir tenté d'inhiber tout sentiment, de s'être censuré au maximum, il a alors entrepris une longue quête dans le silence le plus complet puisqu'il n'y avait pas de lieu à l'époque où il pouvait se sentir suffisamment en sécurité pour se questionner et en discuter dans les établissements d'enseignement qu'il a fréquentés. Ce n'est qu'au cégep, soit à la dixième année de scolarisation dans le système québécois, qu'il a pu débuter ses réflexions et bénéficier enfin d'un peu plus de liberté. En feuilletant son manuel de philosophie, son regard s'est porté sur une image présentant des militants homosexuels défendant leurs droits civils. Ce n'était qu'une seule photo, accompagnée d'un maigre texte de trois lignes, mais ce moment a bouleversé la vie du jeune homme.

Cette histoire, c'est la mienne. C'est le parcours d'un jeune homme qui deviendra le directeur général du Centre communautaire LGBTQ+ de Montréal et de la Bibliothèque À Livres Ouverts (BALO), une bibliothèque spécialisée sur la thématique de la diversité sexuelle et l'expression du genre. Ce parcours atypique est pavé de rencontres fortuites et d'un travail acharné, lequel nous a menés à recevoir en février 2017 le prestigieux prix Newlen-Symons de l'American Library Association (ALA) à Chicago pour nos services en bibliothèque auprès des communautés LGBTQ+.

Prenons le temps de décrire la bibliothèque et sa collection. Il s'agit d'un espace, d'un lieu qui, d'une part, témoigne de notre existence et permet de croire en la possibilité d'un monde meilleur et plus inclusif, puis, d'autre part, permet de célébrer, de se rassembler, et s'engage, avant tout, dans la protection et dans la mise en valeur des richesses du patrimoine culturel LGBTQ+. Le mariage d'un centre communautaire et d'une bibliothèque dans un seul et même espace constitue une force. La Bibliothèque À Livres Ouverts (BALO) contient plus de 20 000 documents de tous les genres (des essais, des romans, des BD, de la poésie, des périodiques et plus encore) et de toutes les époques, qui célèbrent la diversité des orientations sexuelles et des expressions du genre. La richesse de cette collection incroyable ne nous empêche cependant pas de poursuivre le travail, en incorporant constamment de nouveaux titres pour tenir compte des avancées tant sur le plan humain que sur les savoirs scientifiques.

Revenons à l'histoire de ce jeune homme dans un établissement d'enseignement public, sensible à la notion du droit à la culture. Ce jeune homme a pris conscience, bien des années plus tard, qu'il vivait dans un environnement binaire et hétéronormatif. Tout au long de son parcours, il lui a été dit qu'il était un homme, qu'il vivrait avec une femme, qu'il aurait fort probablement des enfants et qu'il pourrait à son tour reproduire ce modèle souvent présenté comme « le cycle normal de la vie ». Inconsciemment, toutes les histoires présentées au cours du programme pédagogique s'ancraient dans cette logique. L'ensemble des œuvres qui lui a été donné à lire renforçait cette quasi unique conception du monde, régi par un modèle hégémonique hétérosexuel à l'intérieur duquel la seule division possible était la division entre les hommes et les femmes. De façon ponctuelle, certes, il avait pu voir aux téléjournaux, dans une émission de variétés ou dans une série télé des personnes non hétérosexuelles ou non cisgenres, mais cela restait anecdotique.

Son prochain rendez-vous fut la bibliothèque de son cégep (équivalent québécois d'un lycée), mais arrêtons-nous un instant au mot-clé de recherche « homosexualité » au moment d'interroger un catalogue d'œuvres. Le concept de l'homosexualité en soi réfère à la sexualité et focalise indirectement sur le corps et sur la génitalité. Rappelons-nous que l'histoire n'est pas neutre. À l'époque où Dewey a ajouté l'homosexualité dans son système de classification décimale, il s'agissait alors d'une maladie et d'un comportement criminel. Il y a eu aussi durant une longue période un mouvement d'autocensure et de mise à l'index des ouvrages traitant des questions LGBTQ+, où il n'était possible de parler de l'homosexualité que dans un contexte tragique, puisque celle-ci était jugée contre-nature et faisait l'objet de sévères réprimandes par l'État et par les religions. S'il y avait un nombre très limité d'œuvres à thématique LGBTQ+ qui peuplaient les tablettes de ce cégep, la grande majorité de celles-ci traitait du sujet comme étant quelque chose de foncièrement négatif ou de tragique. Rien pour rassurer ce jeune homme donc. Si le nombre d'œuvres que nous pourrions qualifier de problématiques quant au traitement du sujet est aujourd'hui moins grand au sein des établissements d'enseignement, un retard persiste toutefois dans le développement des collections LGBTQ+ et ce, dans la majorité des lieux, tant dans les librairies généralistes que dans les bibliothèques publiques ou les établissements d'enseignement.

Malgré le travail des bibliothécaires, les investissements culturels peinent encore aujourd'hui à rétablir l'équité dans ces lieux de démocratie du savoir. Une simple recherche en surface en consultant les catalogues de cinq établissements d'enseignement collégial au Québec nous permet de fournir quelques proportions quant à l'espace qu'occupent les œuvres touchant aux thématiques LGBTQ+. En général, nous y retrouvons moins de 150 titres qui répondent au terme de recherche « homosexualité » alors que la collection complète d'une bibliothèque de cégep comporte en moyenne plus de 80 000 documents. De plus, seulement 30 titres se réfèrent au concept « lesbienne », 10 titres apparaissent sous le terme de recherche « trans et moins de 5 sous le terme « asexualité ». Cette recherche sommaire s'est limitée à l'interrogation du catalogue web de cinq établissements d'enseignement collégial : deux dans la région métropolitaine, deux en région éloignée des grands centres et un dans une ville de taille moyenne. Le nombre de résultats chute drastiquement si nous limitons les résultats aux livres publiés lors des cinq dernières années. Loin de vouloir accuser les bibliothécaires, notre expérience de terrain nous permet de réaliser que les difficultés rencontrées ont des origines diverses : un nombre restreint de publications en français, qui s'explique notamment par des enjeux de traduction, un tirage limité de documents en français qui se retrouvent rapidement épuisés, une difficulté à mettre les œuvres LGBTQ+ de l'avant au moment de la mise en marché, toutes ces difficultés sont autant de facteurs permettant de contextualiser les défis rencontrés.

L'enjeu de l'accès aux œuvres à thématique LGBTQ+ est vraiment un élément d'intérêt central. Si l'on estime la population de personnes homosexuelles, bisexuelles ou ayant des relations sexuelles avec une personne du même sexe biologique à 10% de la population, nous nous retrouvons dans une situation où l'hétérosexisme domine totalement la sphère du milieu documentaire. Dans le cas d'un établissement d'enseignement collégial type, nous nous retrouvons dans une situation où moins de 0,2% des livres traitent de cette diversité qui compose une partie importante du tissu social de notre société. De surcroît, cette situation d'invisibilité renvoie aussi le message d'un manque d'intérêt, qui contribue au sentiment de marginalité et de honte dont les communautés LGBTQ+

sont marquées. Elle prive aussi les proches et parents des personnes LGBTQ+ de documents et ressources qui leur permettraient de mieux comprendre leurs cheminements et lutter contre les stéréotypes et préjugés.

Dans ce contexte, la pertinence d'une bibliothèque qui se spécialise sur les thématiques LGBTQ+ est d'autant plus grande et importante. Nous recevons à la BALO par le canal du don de nombreux documents rares, voire épuisés. Au moment de leur acquisition, la valeur économique de ces documents est souvent plus élevée en raison du faible tirage ou des coûts de production. De plus, plusieurs petites maisons d'édition en France ne sont pas distribuées au Québec. Malgré tout, nous parvenons à recueillir certains titres grâce à la générosité des éditrices/éditeurs, auteur.e.s ou de donatrices/donateurs. La présence de chercheuses/chercheurs et de grandes universités sur le territoire montréalais, tant francophones qu'anglophones, stimulent la présence d'œuvres scientifiques qui trouvent le chemin de notre institution. Nous nous retrouvons ainsi dans une situation bien particulière : un très grand pan de la mémoire de nos communautés se retrouve à l'intérieur de nos murs, mais le devoir de diffusion de la culture va bien au-delà de ceux-ci pour s'étendre aux quatre coins de la province.

Le portrait que nous faisons de la situation démontre une situation d'iniquité, fruit d'un contexte bien particulier. Le patrimoine documentaire des minorités sexuelles et de genres est le résultat d'une lente évolution où nous avons dû prouver que nous étions des citoyennes/citoyens à part entière et non des criminel.le.s, des personnes en possession de leurs moyens et non des malades mentales/mentaux, des gens sensés et non des âmes damnées. Suivant les avancées en termes de droits juridiques, nous sommes arrivé.e.s au moment où nous, comme communautés, avons la responsabilité de nous assurer que notre mémoire, notre imaginaire et notre histoire puissent rejoindre le plus grand nombre. C'est une question d'équité sociale et de réparation du préjudice historique subi, un devoir de réparation. Autant des bibliothèques spécialisées comme la nôtre sont importantes, autant l'accès à un ensemble documentaire riche et adapté aux différents types d'établissements, qu'ils soient des bibliothèques nationales, municipales, en milieu rural ou d'établissements scolaires, est essentiel.

Au moment d'écrire cet article, la première ébauche de la révision de la politique culturelle québécoise a été dévoilée. Malgré les présentations que nous (la BALO) avons faites auprès du ministère de la Culture et des

Communications de Québec, nous avons constaté que cette situation d'invisibilité risquait fortement de se poursuivre. À moins d'un revirement de situation, le Québec risque de manquer ce rendez-vous. Dans un contexte où la classe politique du Québec se désole des politiques homophobes de la Russie et de la répression en Tchétchénie envers les personnes LGBTQ+, cette dernière a la possibilité de poser un geste réel et concret, de donner l'exemple d'une démarche d'ouverture en permettant à l'ensemble des bibliothèques d'être des lieux d'inclusion pour des personnes de la diversité. Plus qu'une possibilité, il s'agit même d'un devoir que cette classe politique a envers nous. En tant que citoyennes/citoyens, nous avons le droit d'avoir accès à des œuvres documentaires et fictives qui nous permettent de nous instruire, de connaître notre histoire, de nous divertir, de nous émanciper.

Pour ce jeune homme et pour toutes les autres personnes des communautés LGBTQ+ présentes et futures, nous n'avons qu'un seul souhait, c'est qu'ils/qu'elles/qu'illes puissent se sentir le/la bienvenu.e au sein d'un ensemble de bibliothèques auxquelles ils/elles/illes auront accès tout au long de leur vie. Que dans celles-ci, ils/elles/illes puissent trouver les ouvrages qui sauront les transformer et leur permettre de se réaliser en tant qu'individu à part entière tant sur le plan personnel que social.

Bibliographie

Bourgeois N. (2016), *Le rôle des groupes communautaires LGBT dans la formulation des politiques publiques : le cas de la politique québécoise de lutte contre l'homophobie*, Mémoire numérique de l'Université de Montréal, sous la direction de Pascale Dufour.

Chantraine R., (2016), « Patrick Cardon : quarante ans de militantisme culturel LGBT (entretien) », *Revue critique de fixxion française contemporaine* [en ligne].

Cocciolo A. (2013), « Learning History through Digital Preservation : Student Experiences in a LGBT Archive », *Preservation, Digital Technology & Culture*, 42/3.

Cooper D. (2015), « Beyond Liberation : Conceptualizations of History at the Canadian Lesbian and Gay Archives », *inLeft History,* 24 p.

Corbam R. (2014), « A Genealogy of the Lesbian Herstory Archives, 1974-2014 », *Journal of contemporary archival studies*,n° 1.

Ferron M.-J. (2009), « La pérennité des documents visuels et sonores de la communauté lesbienne, gaie, bisexuelle et transgenre (LGBT) – le cas des Archives gaies du Québec », *Archives*,41/1, pp. 16-30.

Greenblatt E. (2005), « Exploring LGBTQ Online Resources », *Journal of Library Administration*,43/3-4.

IDEM Collectif (2015), *Les LGBT font bouger la société*, Des ailes sur un tracteur.

Kirste L. (2007), « Collective Effort : Archiving LGBT Moving Images », *Cinema Journal*, 46/3, pp. 134-140.

Prince J. (2009), « Du placard à l'institution : l'histoire des Archives gaies du Québec (AGQ) », *Association of canadian archives*,n° 68 [en ligne].

Marshall D., Murphy K., Tortorici Z. (2015), « Queering archives : intimate tracing », *Radical History Review*, n° 122, 10 p.

Wakimoto D. K., Bruce C., Partridge H. (2013), « Archivist as activist : lessons from three queer community archives in California », *Archival Science*, 13/4, pp. 293–316.

Meryem Benslimane, Christian Tanguay et Kerith Brand, attachée aux affaires publiques et gouvernementales à la délégation du Québec à Chicago (Remise du prix 2017 GLBTRT Newlen-Symons à Chicago, IL).

Sr Marie-Félicité, Michael David Miller et Barbada de Barbade (L'heure du conte avec une drag-queen, Fierté Montréal 2016). Crédit : Centre LGBT Montréal.

« Pour ce jeune homme et pour toutes les autres personnes des communautés LGBTQ+ présentes et futures, nous n'avons qu'un seul souhait, c'est qu'ils/qu'elles/qu'illes puissent se sentir le/la bienvenu.e au sein d'un ensemble de bibliothèques auxquelles ils/elles/illes auront accès tout au long de leur vie. Que dans celles-ci, ils/elles/illes puissent trouver les ouvrages qui sauront les transformer et leur permettre de se réaliser en tant qu'individu à part entière tant sur le plan personnel que social. »

Christian Tanguay

Structure du spectacle vivant dans l'espace public

DEUXIÈME GROUPE D'INTERVENTION[1] : Ema DROUIN, Jean-Luc GUYOMARC'H

Écrire et réaliser des situations artistiques pour, avec et dans l'espace public est une façon d'entrer en frottement, en contact avec la réalité. Constituée de lieux, de personnes, d'usages, la réalité colore la proposition et lui donne toute sa dimension. En échange, poreuse, la proposition donne à lire la réalité.

Par exemple, la pièce *Le garçon qui veillait* est le fruit d'une rencontre lors d'un temps de résidence avec un jeune garçon, étranger au quartier, plutôt agressif avec nous, mais aussi avec les habitants eux-mêmes. Il semblait chaque jour venir protéger un espace. Après des conversations nous avons appris que « *sa barre, son immeuble* » avait été détruit 20 ans auparavant, mais qu'il considérait, malgré le déménagement de sa famille dans un autre quartier, être toujours habitant de cet endroit. Cela nous a beaucoup touchés. Nous avons décidé d'écrire une pièce théâtrale pour l'espace public qui s'inspire de l'histoire de ce jeune homme et, de façon fictionnelle, de dévoiler un point de vue sur les transformations urbaines. La fiction se nourrit également du vécu raconté par les habitants. Cette parole, tranchée, invective avec humour et détachement, le spectateur, lui reprochant (comme la société précédemment) de n'avoir pas été là dans un

[1] Deuxième Groupe d'intervention a 20 ans. Structure du spectacle vivant dans l'espace public, Deuxième groupe inscrit ses formes artistiques (pièces théâtrales, ballades artistiques, cartographies sensibles, explorations partagées et installations plastiques évolutives) dans le paysage urbain en contact direct avec les habitants. Sous la direction artistique d'Ema Drouin, ces écritures plurielles mêlent formes et disciplines et croisent les regards sur les territoires et leurs transformations. Dimensions culturelles et sociales sont ici indissociables. Et indissociées.

moment difficile. Ce spectacle a été montré aux habitants dans le contexte même de son écriture, à la toute proximité du site où se trouvait le jeune homme. Par le truchement de la théâtralité et du jeu du comédien, la grogne du jeune homme a pris une dimension tout autre dans le regard des habitants. Même s'il s'agissait d'une fiction et que les faits sur sa vie étaient inventés, la correspondance avec le contexte et la situation a touché les habitants présents et créé du débat. Est-ce une façon de générer une meilleure compréhension des problématiques que peuvent rencontrer ces jeunes « qui tiennent les grilles, qui tiennent les murs » ? Présenté ensuite lors de programmations artistiques dans d'autres villes, la pièce *Le garçon qui veillait* vient s'adresser à d'autres personnes, de façon plus élargie et fait apparaître une réalité, grâce au théâtre. Réalité que nous sommes nombreux à connaître ou déceler quand on œuvre sur des terrains où les difficultés humaines et sociales sont multiples, mais qui au-delà restent méconnues et trop peu prises en considération. Les transformations urbaines sont des moments qui peuvent être ressentis de façon très violente par ceux qui les subissent. Elles accroissent souvent les écarts et les distances entre les personnes.

Choisir la réalité pour y poser un acte artistique, c'est donc choisir que l'écriture sera « travaillée » par le réel. Sujets des propositions, adéquation à un lieu, relation aux personnes, choix du moment, de la durée, sont autant de choix qui font Écriture.

Nous abordons l'espace public comme le lieu du possible renouvellement de la relation à l'Autre, l'intérêt étant à la fois de donner la possibilité aux habitants d'avoir les « clés » de lecture de la proposition artistique en train de se faire, et ainsi d'en devenir spect'acteurs, tout en permettant à l'acte artistique d'avoir lieu.

Avec « Radio Canapé » par exemple – un canapé rouge, un micro, des interviews – nous développons une conversation artistique scénarisée et sonorisée en direct. Le canapé rouge à roulettes se déplace dans la ville, dans les quartiers et en particulier dans des lieux habituellement occupés par des groupes (de jeunes et de moins jeunes, le plus souvent de sexe masculin). La proposition « Radio Canapé » provoque la prise de parole dans l'espace public. Dire tout bas (dans le feutré du micro), ce que vous pensez tout haut (transmission de cette parole dans les haut-parleurs comme autant d'entrées en débat public). Programmé en période d'été cette proposition artistique invite les personnes présentes à s'exprimer par le jeu des questions, portraits chinois, questions sur le quartier. Truffés d'informations, de décalages et de textes qui donnent à entendre et à voir le quartier de façon poétique, le dispositif invite à la rencontre sur des sites ignorés habituellement et à prendre du temps, ensemble, dans l'espace public. Cette proposition artistique incite à la prise de parole de personnes qui s'expriment généralement très peu, surtout de façon publique.

Partager, élargir, bousculer l'espace public est notre matière première. Jouer dans la rue et avec elle, c'est forcément jouer du décalage, et de l'écart entre réalité et fiction, avec l'apport des regards différents, celui de l'auteur, du comédien, du danseur et celui du public !

Notre art se nourrit du contexte, des circonstances. Il tisse un lien fort avec la réalité et avec les publics dans leur diversité, avec le public-population comme l'a défini Michel Crespin[2].

Ainsi, aller chercher un spectateur éloigné, qui n'attend rien et qui au fil du temps fera (peut-être) un pas vers et/ou avec nous… est un des moteurs de notre travail.

Au cours du temps, nous avons créé une relation particulière avec le spectateur, l'habitant, la population. Par la proximité physique, la rencontre et l'interaction nous participons probablement à notre mesure à l'expression et à la mise en mouvement des droits culturels. En se frottant aux réalités contemporaines, nos créations se construisent aussi à partir de protocoles, d'explorations et d'expériences.

Les yeux Bleus, cette performance en porte à porte, pose la question de l'art dans la ville directement aux habitants, chez eux. Partant un matin de bonne heure, un groupe de 5 à 6 comédiens de turquoise

---

[2] « *C'est par définition, le public qui se trouve dans la rue, naturellement, qu'un spectacle s'y produise ou pas. Le public qui représente la plus large bande passante culturelle, sans distinction de connaissances, de rôle, de fonction, d'âge, de classe sociale. […] Sa qualité première, le libre choix. De passer, d'ignorer, de regarder, de participer, hors de toute convention.* » Crespin M., Vernier M. (1996), *Émergences* – Festival Biennal d'arts et d'évènements urbains, Marseille.

vêtus, maquillés et perruqués, investissent une résidence. Leurs petits mots bleus à la main, ils frappent aux portes et demandent avec naïveté ce que chacun pense de l'art et ce que représentent l'art et un artiste pour eux. Chacun est invité à écrire sa réponse sur le mot bleu ou à dicter la réponse aux comédiens qui transcrivent. Ces mots sont ensuite exposés dans l'espace public, à proximité. En fin de journée, un temps de rencontre est proposé à tous et les « Yeux Bleus » racontent dans un dispositif de TV interactive, la journée qui vient de se dérouler. Cette intervention pensée comme un moment de surprise, provoque la réaction spontanée et l'étonnement. Elle décale également la perception du paysage : les comédiens-performeurs réalisent en introduction de la journée, des tableaux humains visuels qui soulignent le contexte. Un photographe suit l'ensemble de la journée et les photographies sont ensuite présentées en grand format dans la résidence, accompagnées des phrases écrites par les habitants. Cette performance d'une journée non-stop est notre façon d'entrer pour la première fois dans un lieu que nous ne connaissons pas.

Aux abords d'un boulevard périphérique, dans un terrain vague, dans un quartier en restructuration, nous faisons également dialoguer art et géographie, discipline avec laquelle nous partageons objets, sujets, et outils. La carte par exemple, car les lieux ont une grande influence sur nos actes artistiques. Ainsi s'opèrent des transferts de savoir : du savoir artistique vers le savoir urbanistique, en passant par le savoir géographique et vice-versa. C'est sur cet enjeu que sont nées les sessions d'explorations urbaines[3] et le programme *On écrit sur tout ce qui bouge !*.

Par petits groupes, il s'agit durant 3 ou 4 heures de réunir des personnes très différentes, et, par la diversité et le partage des regards, de renouveler la façon de vivre sa/la ville, son quartier ou son territoire quotidien. Tout commence par un échauffement, ouvrir les yeux, se sentir bien dans son corps, se chauffer les chevilles. Ensuite nous partons comme des explorateurs, un carnet dans une main, un sachet vide dans l'autre, un appareil photo-vidéo autour du cou. Pour une aventure au bout de la rue, qui souvent entraîne bien plus loin. Observation, description, rencontres avec les personnes qui sont là,

---

[3] Pilotées par Ema Drouin, directrice artistique de la compagnie.

l'idée est de capter ce qui touche, de dévoiler la subjectivité de chacun et de la partager. Une fois rentrés, avec le partage de ces trésors, un tableau sensible est réalisé en croisant les points de vue et les connaissances de chacun, cela fait débat, surprend, et enrichit énormément.

Tout ce qui a été récolté est disposé ensuite sur une grande installation plastique composée de multiples cartes en bois d'un mètre par un mètre, toutes blanches avec les tracés noirs des rues des quartiers explorés. Cette installation est composée des images réalisées par les « explorateurs », par leurs mots, et révèle le territoire dans sa forme sensible. Elle donne ensuite matière à l'écriture puis à la représentation théâtrale par des comédiens professionnels. Dans ce processus, artistes et habitants construisent ensemble une œuvre avec l'espace public et donnent une représentation sensible et partagée du territoire.

Cette relecture de la ville a aussi vocation à intéresser les acteurs qui « fabriquent » la ville. À Valenton[4], par exemple, où nous sommes restés en résidence artistique plusieurs mois, dans le cadre de la révision du PLU, Deuxième Groupe a présenté son travail, ses méthodes et ses outils aux cadres territoriaux dans le contexte de leur réunion de direction mensuelle afin de faire entendre et donner à voir, dans ce cadre administratif très institué, notre expérience artistique et sensible du territoire.

Nous partageons à cette occasion nos tableaux de bord – d'évaluations[5]. Comment nos créations peuvent-elles devenir mobilisatrices ? Donnent-elles des capacités d'agir ? Faire contribuer les personnes à la création, enrichir le regard sur l'environnement, favoriser la prise de parole dans la vie locale, mobiliser l'inventivité et la diversité des expressions culturelles constituent-ils des enjeux culturels et sociaux en adéquation avec les droits culturels tels qu'ils sont dorénavant inscrits dans la loi[6] ? Nos outils permettent de partager les questionnements, d'inventer ensemble les critères, par-

---

[4] Ville du Val de Marne.

[5] Fédération des arts de la rue Campagne 2001.

[6] Loi NOTRe, Nouvelle Organisation Territoriale de la République – art. 103.

delà le quantitatif, et tentent de faire entrer en écho des dimensions sensibles et artistiques avec des logiques plus pragmatiques. Questionner ensemble ce qui fait sens pour chacun sans oublier la part de l'humain, dans la ville.

Recherche, création, veille, la carte mentale du territoire d'activités de Deuxième groupe se déploie autour du décloisonnement. Le Lab-Deuxième Groupe, lieu de rencontres ouvertes à ceux qui « sont et/ou font » la ville (qu'ils soient géographes, urbanistes, aménageur, habitants, responsables d'association et élus) propose des rendez-vous de travail sur la thématique de la ville en transformation. Ces temps de débat, de transmission, d'informations, de pistes à suivre pour de nouvelles actions et créations artistiques contribuent à l'ouverture et à l'appropriation par tous des sujets urbains par le point de vue poétique. « Sommes-nous transformés par les transformations urbaines ? En ville les arbres ont-ils des racines ? Viens faire du tourisme chez moi, j'habite dans une cité... ». Il s'agit de provoquer des temps d'échange et de réflexion où chacun des invité.e.s contribue à la question posée avec ses outils et ses approches. Nous constituons alors un récit, relaté dans un journal artistique, qui invite au rapprochement des questions culturelles et sociales.

Notre situation géographique, à Malakoff, en proximité de deux gares du Grand Paris Express, dans un quartier populaire, nous place au cœur des transformations et nous invite à nous emparer en particulier de la question du territoire du Grand Paris. En effet, s'il réduit les distances et modifie les échelles, le Grand Paris Express par exemple, génère aussi des craintes, liées aux changements qu'il implique. « Pourrons-nous encore habiter notre quartier demain ? » s'interrogent une partie des habitants de la première couronne. Qui décide et pour quels enjeux ? La « gouvernance » apparaît opaque même si le projet est porté en débats publics.

Attentif aux sujets et aux préoccupations urbaines qui accompagnent ces changements, c'est pour nous l'occasion de porter notre regard curieux et poétique sur le sujet et dans la ville. Par exemple, le rapport public-privé, la place du commun, l'isolement généré par les modes d'organisation contemporains, ou la sous-représentation des femmes dans l'espace public. « D'ici on voit la tour Eiffel[7] », série de promenades urbaines débutées en 2016, propose des parcours sonores artistiques qui interrogent ces transformations en croisant la parole des habitants, la composition musicale et l'écriture.

Signaler, tendre des perches, faire confiance à l'autre, avec l'utopie que chacun fera son chemin, parler à l'intuition, au-delà de l'émotion, il s'agit de provoquer le trouble et la réflexion. Avec les outils du théâtre, des arts plastiques, de la danse et de la musique il s'agit de privilégier le parcours personnel du spectateur dans les propositions. Et de s'adresser à tous, car nous sommes tous concernés. Quelle place pour les habitants au sein de la vie artistique, quelle place pour l'art dans notre quotidien ?

C'est en tentant de répondre à ces questions que nous abordons les droits culturels des personnes. Nos propositions artistiques souhaitent créer le débat et dans le même temps convoquer la créativité du spectateur. Si « *une forme culturelle est significative par ce qu'elle produit d'écart et de singulier et par conséquent d'inventif*[8] » elle l'est aussi par ce qu'elle contribue à un commun de l'intelligence.

En 2017, pour Deuxième groupe, l'ouverture à Malakoff de l'Atelier de curiosité urbaine, espace artistique dédié à la création dans l'espace public avec son installation plastique évolutive, est un moment important.

Nous sommes présents dans cette ville de la petite couronne depuis 2008 et en coopération avec les services de la commune, nous pouvons développer notre implication artistique. Innover, déplacer, inventer, réfléchir, partager, créer, diffuser… l'Atelier de curiosité urbaine nous permet de rencontrer des personnes très différentes, de croiser les points de vue, d'ancrer plus encore notre création dans la réalité de tous les jours. Ce lieu artistique ouvert une fois par semaine, rassemble les matières photographiques, filmiques, écrites, de Deuxième Groupe depuis sa création, ainsi que des informations culturelles et des archives artistiques réalisées depuis l'arrivée de l'équipe à Malakoff. Avec ce lieu de jeu théâtral, de départ de

[7] www.deuxiemegroupe.org/d-ici-on-voit-la-tour-eiffel
[8] Jullien F. (2016), *Il n'y a pas d'identité culturelle*, L'Herne.

représentations, de lecture, de temps de musique, de découvertes, de départ de promenades urbaines artistiques, au cœur d'une résidence populaire de 600 logements, l'art s'invite en pied d'immeuble.

Sans les villes et territoires qui s'impliquent aux côtés des artistes, sans les élus qui croient aux démarches et les soutiennent, sans les habitants qui deviennent curieux et actifs par contacts, sans les bailleurs qui prennent le risque de proposer des locaux dans leurs résidences, sans les artistes qui s'engagent, sans les partenaires financiers, sans les associations dans leur diversité, sans les institutions culturelles complices, sans les urbanistes… ces aventures artistiques qui osent le déplacement vers la vie de tous les jours ne pourraient voir le jour et nous ne pourrions agir de façon professionnelle. C'est à ces conditions que nous pouvons inscrire notre travail dans la durée, en préservant notre liberté d'agir et de créer, en prise avec celles et ceux qui nous entourent. Les droits culturels ouvrent un espace de débat et de remise en question des pratiques, un espace de réflexion et d'action nécessaire pour construire l'avenir, ensemble, dans la vraie vie.

États des lieux. Photo : Jean-Pierre Estournet.

« D'ici on voit la tour Eiffel #1 ». Photo : Deuxième Groupe.

« D'ici on voit la tour Eiffel #1 ». Photo : Deuxième Groupe.

On écrit sur tout ce qui bouge. La pièce. Photo : Deuxième Groupe.

Le garçon qui veillait. Photo : Jean-Michel Coubart.

Deuxième Groupe d'Intervention. *Les yeux bleus #1*.
Photo : Gaël Guyon.

États des lieux. Deuxième Groupe. Photo : Jean-Pierre Estournet.

À Quoi rêve Peter Malakoff ? Photo : Yang Mamath.

VARIA

Art contemporain et immigration : vedettariat ou ostracisme ?

Yasmina MAHDI[1]

Résumé

Par la rédaction de cet article, nous nous intéresserons précisément à l'analyse de certains travaux d'artistes issus de l'immigration, à leurs tentatives de redéfinition vis-à-vis de leur parcours propre, des attentes de l'institution culturelle et d'un clivage européen/non européen. À l'aide de certaines données de base, nous nous interrogerons sur le rôle et l'influence des institutions en place ainsi que sur la pertinence d'une recherche identitaire artistique, et en quoi celle-ci valide les luttes contre les discriminations ou tout du moins les divulgue ; sur ses marques au sein de la société française. Ainsi, nous nous questionnerons sur la façon dont s'articulent, dans l'art contemporain, les systèmes de représentations plastiques, et surtout comment ces structures prennent en compte (ou relèguent) les ostracismes visant les populations ethnicisées.

Introduction

À partir de la liste de quelques artistes plasticiens d'origine multiethnique, nous allons voir comment l'on peut dégager de leurs productions personnelles des tendances formalistes, des thématiques de prédilection, mises en avant ou en retrait (sujets non-dits), lors

---

[1] Yasmina Mahdi est diplômée d'un DNSAP Beaux-Arts de Paris (atelier Férit Iscan/Boltanski). Elle obtient un Master d'Études Féminines de Paris 8 (Esthétique et Cinéma). Son sujet de thèse porte sur *La représentation du féminin dans le cinéma de Duras, Marker, Varda et Eustache*. Elle est également co-directrice de la revue *L'Hôte*.

d'expositions au sein de grandes institutions privées ou publiques. Les artistes oscillent entre plusieurs choix, plusieurs attitudes, optant pour la revendication ou la neutralité, ceci par l'intermédiaire de supports classiques ou contemporains, avec des moyens de départ plutôt pauvres, devenus coûteux lors de leur reconnaissance nationale ou internationale, voire leur accession au vedettariat. Les œuvres sélectionnées dessinent des profils, des intentions esthétiques et sociologiques délibérées ou inconscientes. La promotion artistique engendre des conséquences multiples ou des bilans personnels - « *une identité dissoute* », au dire de Shirin Neshat, née en 1957 en Iran, de parents aisés ayant « *fantasmé l'Ouest* », eux aussi contraints à l'exil, rejoignant en cela les aléas de la condition d'immigré. Nous pourrions parler, toute proportion gardée, d'une opération d'intégration culturelle depuis cette identité dissoute, flottante, depuis une communauté subordonnée qui tend à se désagréger.

1. La culture dominante

Définir l'art contemporain pourrait être l'objet d'une grande étude et pour simplifier, nous l'assignerons à une sorte de « *fabrique du patrimoine* » (Léla Bencharif, 2007), une partie de la composante culturelle d'un état libéral français, désigné comme « *le jacobinisme culturel* » (Jean-Michel Djian, 2005). L'artiste, lui, n'a de légitimité sociale que lorsqu'il est reconnu comme un agent productif générant des bénéfices monétaires via un échange marchand. De son vivant ou *post mortem*. Aussi, l'évaluation de ses productions reste-t-elle relativement arbitraire. L'invariant, c'est qu'il y a une cible, un public composé de la classe supérieure aisée, dont le pouvoir d'achat permet l'acquisition de ces œuvres.

La plupart des artistes issus de milieux populaires, populations à faibles qualifications, aux bas revenus, défavorisés culturellement, ont rompu avec le statut parental, celui d'ancien « *indigène colonisé* » (Pascal Blanchard, 2007), pour devenir des acteurs à part entière de la culture. Comment leurs ouvrages sont-ils perçus et identifiés, notamment ceux parlant de l'immigration et de ses composantes, conçus par ces auteurs d'origine non européenne ? De prime abord, la réponse appartient aux critiques, aux directeurs d'institutions publiques ou privées dont la constituante culturelle est issue de « *regard et de valeurs occidentaux* » (Monia Abdallah, 2007), ethnocentrée. Ainsi, l'état français parle de la place des « périphériques de création » à propos d'artistes dont les parents ont immigré depuis les anciens territoires colonisés ou sous protectorat. Ces plasticiens eux-mêmes s'inscrivent au sein de l'ère culturelle dominante comme « valeurs étrangères », en quelque sorte « valeurs rapportées ».

1.1 Les voies périphériques

S'il y a culture dominante, officielle et sanctuarisée, d'un autre côté, forcément, émerge un échange inégal, lequel dévoile une sorte de contre-culture peu audible, cantonnée à des cercles restreints, si nous supposons qu'il existe deux registres d'actions culturelles, l'une prédominante, l'autre sous-estimée et quasiment invisible. À ce moment-là, d'autres créateurs, praticiens, issus des classes défavorisées – groupes en lisière, ethnicisés, en butte à la relégation scolaire –, se trouvent pris dans un débat (qui provoque un conflit intérieur et extérieur), mais qui demeure néanmoins minorisé, peu entendu, peu apparent. Lorsque devient opérante la mainmise de l'institution, qui s'accapare leurs productions et les façonne au goût du jour, la discrimination (effective) est-elle perceptible dans leurs propos, leurs œuvres respectives, en dehors des censures ? D'autre part, comment discerne-t-on les éléments discriminants dans les objets exposés ?

En ce qui concerne la réception commune, la définition du public culturel, qui est un phénomène de civilisation, se situe sans doute entre un certain goût « national » – une composante de la nation –, et une interpénétration du mondialisme, par la profusion de nouveautés et leur diffusion dans les grands médias. Il reste donc complexe d'évaluer en raison de la vitesse et du nombre impressionnant d'actualités culturelles si les revendications des artistes, l'appel à la tolérance et à l'analyse des dysfonctionnements du système social sont compris et considérés. Si nous considérons que nous sommes sous l'influence d'une doxa, Pierre Bourdieu et Loïc Wacquant ont donné, au terme d'un constat, une application à l'impérialisme culturel – un ensemble enchevêtré de communication et d'économie –, lequel opère une séparation de points de vue entre dominants et dominés. « *L'impérialisme culturel est une violence symbolique qui s'appuie sur une relation de communication contrainte pour extorquer la soumission et dont la particularité consiste ici en ce qu'elle universalise les particularismes liés à une expérience historique singulière en les faisant méconnaître comme tels et reconnaître comme universels.* »

Ce constat, par extension, pourrait s'appliquer à l'existence d'un ensemble de populations fichées comme étrangères, devenues minorités visibles. De fait, la pensée moralement dominante, qui consiste en un universalisme à la française, semblerait avaler les notions d'exception, étayant en cela une espèce d'ethno-différentialisme (relevant d'une idée de nature), qui engendrerait des sous-produits intégrés de la culture. Phénomène qui ramènerait le lot des expériences uniques et collectives des artistes au creuset d'un même moule, les transformant en un modèle adapté à toutes les configurations sociales pour une compréhension commune : un unique médium symbolique, structurant une seule et même société. N'oublions pas que la culture est le parangon de la réussite d'une nation, sa fierté et son outil de propagande. Et que le modèle intégrationniste a pour but la dilution des identités, et le nivellement des contestations.

1.2 Fonctionnement et reconnaissance, un certain déterminisme

Les instances publiques et privées privilégient un peu au hasard, peut-être, les œuvres d'art plastique contemporain, les dirigeant subrepticement vers l'*entertainment.* L'artiste y est alors reconnu comme producteur d'objets qualifiés esthétiquement et moralement dans une société capitaliste marchande, « *fondé*[e] *sur des formes spécifiques de la domination de classe* » (Sohn-Rethel, 2010). Les travaux d'artistes issus de l'immigration apparaissent avec l'ambiguïté de la définition, d'abord en regard de leurs origines distinctes d'enfants d'immigrés. Pourtant, au vu de la pluralité de noms, d'expositions permanentes ou ponctuelles, de manifestations programmées, pérennes ou éphémères, il n'est pas si facile de repérer une dissidence au sein de ce fourmillement conjoncturel. Les appellations au fronton des lieux muséaux en déterminent l'orientation, comme s'il se trouvait un quota réservé à une couche de la population.

Depuis quelques décennies, un critère domine le marché de l'art, celui de la jeunesse, avec le recrutement de « jeunes » artistes (de moins de trente ans ou fraîchement diplômés), dont les productions prennent une plus-value d'emblée, en fonction de leur date de naissance. Phénomène d'autant plus curieux qu'il va à l'encontre de la notion de patrimoine, dans le sens où un artiste confirmé est un artiste du passé. De plus, les frontières sont devenues poreuses entre les disciplines artistiques classiques – la peinture, la sculpture – et sans hiérarchie apparente, ces disciplines se trouvent mêlées aux milieux de la mode, parmi les défilés de haute couture, de la publicité, du graphisme. L'événementiel détrône la vieille idée humaniste d'universalité, le divertissement remplace la culture dans une société de distraction et de consommation de masse, le ludique est le mot d'ordre qui supplante l'intellect.

En ce qui nous concerne, il s'avérerait que le phénomène discriminant et son danger soit moins repérable, car noyés sous l'effet circonstanciel. Cette modification du sens s'opère depuis les premiers parcours visuels mis en place par différents organismes, sollicitant des photographes, des plasticiens. Les dénominations connotées sémiologiquement de manière appuyée, comme « African Way », « Festival Hors-Pistes », « Dialogues méditerranéens », « Repères », ont glissé subrepticement jusqu'à l'appellation humoristique, « J'ai deux amours », en 2012, à la Cité de l'immigration. D'un propos unilatéral autorisé par les instances dirigeantes, nous passons à une ballade légère, à un clin d'œil !

2. De l'anonymat de la minorité à la légitimation artistique

L'émergence d'artistes dits de la diversité commence sans doute en 1984, lors de l'exposition du centre Pompidou « Les enfants de l'immigration », appellation revendiquée par le sculpteur Barthélémy Togo (né en 1967 au Cameroun), puis avec celle des « Magiciens de la terre » en 1989, jusqu'à « Africa Remix » en 2005 (qui a bénéficié du mécénat de Total). Notons que ces manifestations ont eu lieu sous la houlette d'une expertise de commissaires et de présidents de puissantes institutions culturelles, et ont été itinérantes dans plusieurs capitales du monde. « Racines » (à Grenoble en 2000) a regroupé des artistes venant du monde arabe et africain, sorte de vitrine de pays émergents, que l'on a opposés à la modernité. Cette question de la modernité continue à poursuivre et à étiqueter les artistes originaires de pays émergents, non européens, voire la place des pavillons à la Biennale de Venise 2017, assignés comme pavillons tunisien, d'Afrique du Sud, du Nigéria, de l'Égypte, consignés à une identité fixe.

En 1984 donc, une direction était donnée avec, entre autres, la participation de Ghada Amer (née en 1963 au Caire, et ayant fait ses études à Paris), qui brode et calligraphie en arabe sur des magazines pornographiques et celle de Mona Hatoum (née en 1952 à Beyrouth, représentée par la galerie Chantal Crousel à Paris), qui optait pour une distance conceptuelle plus grande, notamment vis-à-vis du conflit libanais et israélo-palestinien, avec des images de soldats décontextualisés jusqu'à l'abstraction. Ces créations « autres » se véhiculaient sous des formes mixtes, à mi-chemin entre la performance et les installations d'inspiration américaine. Au cours de ces années, ces mêmes artistes reprendront leur thématique comme pour attester de leur dépendance au monde arabe et africain, comme s'ils en étaient les principaux récipiendaires. D'où le danger de la naissance de nouveaux stéréotypes, d'établir des catégories et des lieux communs qui en plus, élimineraient certaines voix au détriment d'autres.

Les partenaires institutionnels (les commanditaires), mettent l'accent sur le brassage des cultures, souvent par des formules simplistes, réductrices, et survalorisent intensément les questions complexes d'identité. Comme si les émissaires homologués transgressaient le tabou du racisme, afin d'abolir les frontières entre des individus au départ discriminés, certains migrant depuis des territoires en guerre et le public largement favorisé et cultivé. Ces médiateurs n'établissent-ils pas ainsi un compromis mou entre les ségrégations ethno-raciales bien réelles et leurs choix unilatéraux de hisser certains artistes de la diversité sur la scène nationale, au risque de créer un dilemme divisant les bons et les mauvais immigrés ? Ne créent-ils pas une crispation autour de « l'Identité », comme unique réponse à un problème très vaste ?

2. 1 La construction de la diversité, art contemporain et immigration

Afin de resserrer notre propos, nous nous attacherons plus particulièrement aux artistes dits « beurs » ou « black » (« la France black blanc beur », l'une des premières dénominations des enfants de banlieue, lors de la Marche pour l'égalité et contre le racisme, en 1983), pour lesquels la communauté de référence est également soulignée de façon explicite. Là aussi une scission s'opère, un groupement qui classe des genres et des modèles comme des produits (au rapport qualité/prix), au bénéfice ou au détriment les uns des autres. Cette division a pour résultat la médiatisation de plasticiens intégrés dans un processus, incorporés, élevés jusqu'à la célébrité contre d'autres, allochtones. Un premier point important est à noter, ce sont les parcours suivis au sein de grandes écoles nationales supérieures d'art, des cursus universitaires et académiques complets. Ces artistes visuels, la plupart nés de milieux pauvres, défavorisés, sont encadrés par les fonctionnaires des grandes institutions, éduqués et admis dans des écoles aux règles corporatistes.

À partir d'une liste non exhaustive de plasticiens, nous verrons comment les identités d'origine travaillent leur imaginaire, en déterminent ou pas leurs créations. Depuis une existence dans laquelle les parents « *immigrés ne devaient pas rester et n'ont pas posé leurs marques* » (Emmanuelle Santelli, 2013), la quasi-invisibilité du prolétariat, quels problèmes sont mis en évidence ou passés sous silence ? Pour le dire autrement, quelles en sont les dénonciations et les énonciations ? Moins médiatisés, des collectifs indépendants, plus marginaux, utilisent des labels plus marqués, par exemple Cases rebelles avec *100 Portraits contre l'État policier*. Ce *hiatus* cause un clivage, une séparation, une division, entre des artistes apparentés d'emblée à un pays, une langue, une religion contre ceux métissés, décontextualisés, ballottés entre deux continents, deux appartenances, nés pour la plupart sur le territoire français ou en rapport étroit avec la France. Et brouille les compréhensions.

Les contradictions entre deux cultures et deux appartenances vont hanter les images diffusées, s'affranchissant tour à tour ou redevenant tributaires de certains clichés post-coloniaux, notamment lors des retours au pays de la filiation parentale. Les lourds problèmes sociaux (pauvreté, drogue, prison, folie) sont passés sous silence ou évoqués en sous-texte du corpus plastique. De suite, le nom et le prénom indiquent une appartenance identitaire, l'origine ethnographique de l'acteur culturel. En 2011, la FIAC, profitant du Printemps arabe, a pris l'initiative de présenter « *des artistes arabes contemporains* » (le ton était donné), où la dénomination toponymique faisait office de lien. Il semblerait que ce soit le groupe majoritaire de la société française, lequel par ailleurs maintient discours et préjugés sur les immigrés, qui encense une création comme modèle possible d'intégration.

2. 2 Un bricolage entre deux cultures, une mémoire subjectivée

Prenons d'abord Malik Nejmi, franco-marocain né en 1973 (ayant reçu de nombreuses distinctions, lauréat du prix PMU 2010, résidence à la Villa Médicis), qui avoue être travaillé comme « *fils d'immigré* » par « *la question du retour au pays* », (thèse précisée dans un grand dossier accompagnant l'exposition), en tant que « *quasi photographe* ». Ce qui surprend, c'est la pauvreté des signes, leur prélèvement distancié. Les photographies autour des migrants en perdition et en danger de mort ont des corps lointains et des visages indistincts, comme dans les instantanés de presse.

Bruno Boudjelal, né en 1961 à Montreuil, dans sa série 2015 *Voyage en banlieues*, qu'il qualifie de « *voyage improbable* », photographie des périphéries, des objets au rebut, des véhicules brûlés, des personnes esseulées ou malades, le tout flouté, brouillé, passant du noir et blanc à la couleur. Certains jeunes sont éclairés violemment comme par une lampe torche lors d'un contrôle d'identité. Ailleurs, en plans inclinés, des documents personnels de l'album familial des années soixante, au titre lourd de sens, *Les lieux de massacre* de 2002, répondent à un reportage en Algérie, en 1994, puis à un autre au Ghana (au centre d'art La Filature à Mulhouse).

Mohammed Bourouissa, né en 1978 à Blida (autre candidat du prix PMU 2011, ayant obtenu une importante dotation pour la réalisation d'un projet), effectue des prises de vues de jeunes de cités, vêtus à la mode, compose une scène de commissariat avec un garçon dénudé et menotté. La beauté des visages et des corps est magnifiée en dépit d'un univers sordide et clos et l'artiste extériorise des faits dramatiques en les hissant au niveau de la peinture d'histoire.

Kader Attia, né en 1970 en Seine Saint-Denis, lauréat du prestigieux prix Marcel Duchamp 2016 pour son film-essai *Réfléchir la mémoire*, confie à rebours fuir « *le caractère un peu trop criard* » des travaux plus politiques de ses débuts. Des formes creuses recouvertes de toile argentée en posture de prière, des enfants constitués de grains picorés par les pigeons (destinés à disparaître), des photographies de « *gueules cassées* » ont été montrés dans des lieux de prestige, des biennales à la mode. Le luxe des espaces muséaux, la richesse des matériaux utilisés – surfaces brillantes, miroitantes –, pour des réalisations qui demandent un apport économique important pour certaines pièces, contrastent avec les thèmes crus de la représentation identitaire.

Adel Abdessemed, né en 1971 en Algérie, a fait scandale par son extravagance. Il dit refuser « *la vision orientaliste et exotique* », témoigne des noyades en Méditerranée, des émeutes de banlieue. Sa création est prolifique avec de gigantesques sculptures/installations de voitures calcinées, d'animaux naturalisés compilés et encastrés (le pillage des espèces multiples durant la colonisation ?), des pigeons portant une (fausse) charge de dynamite, des bas-reliefs – le rappel des travailleurs immigrés, porteurs, manœuvres, maçons, plâtriers –, des christs en fils de fer barbelés et des dessins de soldats armés. L'artiste se sert également d'annonces phares des médias et de gros titres de journaux. Le plus osé reste une femme recouverte d'une burka noire, détricotée par lui (lors d'une performance enregistrée depuis), jusqu'à la nudité. L'acte controversé du *Coup de tête de Zidane* est repris en 2012 en un bronze monumental de plus de 5 mètres de hauteur. Les allusions, sans doute critiques, au football, aux migrants (une barque emplie de ballots de sacs-poubelles) intègrent un marché mondialisé, aux mains de puissants collectionneurs – Adel Abdessemed est l'un des jeunes fers de lance de la fondation François Pinault –, et sont commentées par des universitaires connus. Ces prestations spectaculaires déclenchent des propos acerbes lors de sa rétrospective en 2013 (à 42 ans !) au centre Pompidou : *Je suis innocent*, qui résonne comme « *un plaidoyer* pro domo *dans une logique d'ordre judiciaire* » (Florian Mahot Boudias, 2012). De cinglants reproches sont adressés à l'artiste par les critiques et les journalistes, accusé de subversion et violence gratuites afin de fédérer un public autour d'une exposition de masse…

Dans un tout autre registre, l'un des rares peintres (utilisant le médium de la peinture), Djamel Tatah, né en 1959 dans la Loire, aux tableaux sobres, repéré pour ses *Femmes d'Alger*, exposé à la fondation Maeght en 2014, déclare au contraire se défier du documentaire. Des personnages en pieds, souvent endormis, gisants, surgissent en un même individu, répété à l'infini, d'aspect somnambulique.

Zinet Sedira, née à Paris en 1963, nominée pour le prix Marcel Duchamp 2015, se définit comme « *gardienne de mémoire* », en optant pour une esthétique de la précarité, avec des vidéographies brutes, des interviews de membres de sa famille sur fond blanc. Elle s'intéresse à la guerre d'Algérie et a pu récupérer des clichés quasi perdus du seul photographe du FLN, Mohamed Kouaci (1922-1996), et en livre des réflexions assez succinctes.

Quant à Mohammed el Baz, né en 1967 au Maroc, il reprend quelques ingrédients orientaux : l'étoile verte à cinq branches, les dagues et les coutelas, brodés sur des figures schématisées.

Pour finir, n'oublions pas les artistes de nationalité maghrébine ou africaine (aux cursus d'études d'art en France), comme : Samta Benyahia, née en 1950 à Constantine, qui s'ancre, par ses travaux et ses installations intitulés *De fil en aiguille* (Villeneuve-la-Garenne, centre culturel Max Juclier), à l'artisanat traditionnel du Maghreb, avec les trousseaux de mariée, les dentelles, la dominante bleue des mosaïques, les imprimés au pochoir, les paillettes ; un ensemble kitch et populaire. Barthélémy Togo qui réduit dans ses aquarelles les individus à des silhouettes ensanglantées ou en larmes, des visages inachevés, aux organes et aux mains coupés, dans un langage plastique a minima. Il mentionne également les naufrages tragiques des migrants par l'installation de ballots dans des barques, de cabas, de lits empilés et de sacs plastiques, la propagation du VIH en Afrique. Leïla Alaoui (qui était née en 1982, d'un milieu favorisé, morte lors de l'attentat de Ouagadougou en 2016) laquelle, ironie du sort, s'attachait à magnifier les Africains et les Maghrébins, les photographiant en pied et en couleurs dans leurs plus beaux atours traditionnels, pour leur redonner, à ses dires, vraisemblance et ancrage dans « la vraie vie », toujours dans un désir d'appartenance identitaire et de dénonciation sociale.

3. Art des immigrés : énonciation et dénonciation. Les conventions de représentation

Si nous partons du présupposé que nous vivons dans une société de type impérialiste, et que la culture en est un sous-produit, produit dérivé d'un premier, parfois un ersatz, insérés dans un système capitaliste marchand, tâchons d'observer (sans jugement de valeur), les éléments qui s'efforcent de signaler les discriminations avec le souhait de les résilier. Dans l'échantillon représentatif des artistes contemporains cités en *supra*, nous constatons que souvent le registre argumentatif remplace le registre esthétique. Il est vrai qu'il paraît difficile de faire de l'art lorsqu'il s'agit d'expliquer le racisme et la xénophobie. Il faudrait d'ailleurs une enquête de terrain sur les questionnements que les œuvres de ces artistes provoquent ou mettent à profit. Il apparaît néanmoins qu'il s'agit d'une concaténation de signes provenant d'une population à forte vulnérabilité, qui souffre de discrimination latente, ce que les artistes transmettent, à leur façon.

Le système assimilationniste français a ainsi pris en compte quelques descendants de la deuxième et troisième génération de travailleurs immigrés (comme nous l'avons déjà mentionné, en dépit de critères de sélection aléatoires), lesquels ont pu se tracer un chemin dans les hautes sphères artistiques. Leur visibilité fait écho à un imaginaire qui brasse au départ la notion d'identité. De la « *notion d'infériorité* » infligée aux colonisés (François Dosse, 2007), ces artistes sont passés à la reconnaissance publique, parfois internationale. Leur imaginaire brosse des tendances communes sur des souvenirs communs, des images récurrentes, des obsessions et des préoccupations souvent douloureuses. Nous pouvons d'ores et déjà, à partir des œuvres d'artistes cités, établir un lien sur les discours mis en scène.

Si nous nous penchons sur la perception de l'immigration, c'est-à-dire sur les conventions de représentation, nous repérons une somme de caractères voisins. Tout d'abord, il y a des modules fédérateurs : la religion musulmane, le respect des rites et des coutumes – un « *facteur néo-communautariste* » (Rémy Leveau, 2013) –, les traditions culinaires et vestimentaires, les heurts administratifs et la persistance des inégalités. Ainsi, le spectateur découvre, en vrac, des cartes de séjour disposées à même le sol (la réification de l'exil) ou mises sous verre (la sacralisation des origines), des drapeaux algériens, des étoiles et des croissants, d'humbles objets du quotidien pour le thé, le couscous, le père filmé en djellaba, la mère en robe kabyle, les tapis de prière, etc. ; des tickets froissés, jetés, de paris hippiques – un gain illusoire pour beaucoup de pères, et une réalité sociologique. Importe-t-il pour ces artistes de transformer les habitudes, le banal en un exutoire, afin de se réapproprier le mode de vie difficile et amer de tous ces destins condamnés à l'invisibilité ? Ou bien avons-nous affaire à un art engagé, ou encore à la concaténation de signes qui baliseraient de manière compacte des parcours tout de même différents selon les communes, villages et pays d'origine, sachant que la communauté en bloc n'existe pas, est un phantasme ?

Cependant, tentons de répondre ; « faire de la mémoire » apparaît comme un premier impératif, un récit injecté depuis les formes savantes de l'histoire de l'art, dans l'art contemporain investi par les artistes dits de la diversité. En effet, ne sont prélevés de façon tautologique que des objets « typés », souvent dénués de prix, étalés de façon sommaire, regroupés et photographiés comme preuves, ou encore à la manière de cadavres exquis, dans de libres associations d'idées. L'on peut lire également la peur de se dissoudre entre deux cultures, de perdre le contact avec l'origine familiale et une réaffirmation révélant des témoins gommés de l'histoire, par exemple ceux de la génération ayant vécu et combattu durant la guerre d'Algérie – preuves passées sous silence – le tout se chevauchant avec le rêve du retour au pays et de l'enrichissement personnel. En ce qui concerne les chroniques imagées du retour au pays, le constat est choquant à cause d'une énonciation qui côtoie les questions de disparition. Les supports utilisés, photographie et vidéographie, cumulent quelquefois des lieux communs. Les corps sont floutés, anonymes, vus de dos, fragmentés, en déséquilibre, sortant du cadre. Du pays d'origine, nous n'apercevons que des épaves échouées, rouillées, la mer Méditerranée comme barrage, des horizons dévastés, des hommes jeunes n'ayant d'alternative que la fuite vers l'Occident, l'unique projection d'un désir unique, celui d'émigrer vers une terre promise. Le rare rappel de l'art arabo-musulman se retrouve dans l'arabesque, le moucharabieh et le poignard.

Peut-être assistons-nous là à une double permutation des signes : du confinement social, de la précarité économique initiaux à la dénonciation d'une discrimination exhibée au grand jour, ou bien, au contraire, en retour, un regard néo-colonialiste, misérabiliste, porté sur le Maghreb. Certains instantanés, certains clichés ne favorisent-ils pas (inconsciemment) une posture négative vis-à-vis des pays ayant durement lutté pour leur indépendance, et ayant en cela acquis une conscience aiguë de la domination ? Ne pourrions-nous pas confondre ces représentations visuelles avec des poncifs confortant la notion « *d'instrumentalisation raciale* » (Pascal Blanchard, 2007), existante depuis l'exposition universelle de 1900 et 1931 et la propagande coloniale ? Le temps dévoilera sans doute les interdits et les auto-censures de ces artistes en prise, selon Kader Attia, à « *une douleur fantôme (...), un cri qui ne peut pas être réparé* ». L'histoire autorisera un recul de lecture et une perspicacité d'interprétation plus apaisée.

3. 1 La réalité de la discrimination, un constat entre échec et espoir

À travers les évocations visuelles de la thématique récurrente des voyages « au bled », une réalité domine, dénuée de poésie, avec le spectacle de femmes voilées, fuyantes, parmi des déchets, de morceaux de béton fissuré jonchant les plages, des terrains vagues, de palmiers rachitiques et de moutons au pied de cités peuplées d'inconnus, de jeunes chômeurs désœuvrés, parfois livrés au pire ; un Maghreb fantomatique. De nouveau en France, ces mêmes artistes campent un panorama des cités-dortoirs tout aussi accablant. Ne rentre-t-il pas une part de l'interdit visuel musulman, assorti d'une certaine pudeur, dans la délivrance de ces images, ou bien est-il question de rejet personnel ? Ou encore d'un complexe émergeant de la condition d'immigré(e) ? Il est difficile de trancher. La dénonciation de lacunes d'un régime socio-économique (par exemple en Algérie) est risquée sachant qu'elle peut être réinterprétée par les pires abus racistes et extrémistes. Les schémas réducteurs de la vie en banlieue peuvent aussi pénaliser des populations, que l'on taxe de communautaristes, de communautés volontairement repliées sur elles-mêmes (ce qui n'est pas tout à fait le cas). Ces récits résumés composent un ensemble cohérent, mais limité, de communautés affectives. Il semble impossible pour les artistes de se dissocier d'un groupe justement en proie aux discriminations, sous peine d'être accusés de trahison ou d'indifférence, tant la pression sociale pèse et induit un type de comportement. D'ailleurs comment se sentiraient-ils indifférents au vu de la pesanteur des troubles générés par la non-acceptation et la méfiance d'une partie de la population française ? Et paradoxalement, n'est-ce pas la fonction que leur confère l'institution en échange d'une « montrabilité », le conflit étant l'un des moteurs de leurs productions expressives ? Notons le silence assourdissant de l'absence de la deuxième génération issue de l'immigration asiatique des pays francophones anciennement colonisés, et la rare présence de métis africains.

Parmi les plasticiens d'origine immigrée les plus côtés du marché de l'art contemporain, les moyens utilisés prélevés de la technologie actuelle dénoteraient d'un vécu culturel hybride attaché à une condition post-coloniale. Ainsi, nous remarquons des photographies décadrées, floues, tronquées, des personnages tombant de côté (mis à l'index), en déséquilibre, des corps inachevés ou amputés, avec la persistance d'un clivage hommes/femmes. Ces protagonistes de l'art contemporain abordent tous la question du panafricanisme. Là aussi, leur constat est terrible, réduit à l'expatriation, la déportation et la mort. Les plasticiens ont recours à des expressions chocs par le truchement de slogans, de télescopages d'images sous forme d'enquêtes. Ces expressions abruptes vont-elles satisfaire l'émotion facile d'un public de masse ou bien permettre la réflexion (saine) sur les conditions de vie d'un pan de la population française ? Or, si nous croyons Pascal Blanchard « *une mémoire, misérabiliste, sentimentaliste, nostalgique, qui ne touche qu'une infime partie de gens, cela ne fonctionne généralement pas. Car ces mémoires ne sont pas opérantes pour l'ensemble d'une société.* » Ou, pour le dire autrement, l'on peut s'interroger sur la gestion des charges affectives, sociales, contestataires ou distanciées de l'œuvre de départ. Remémorons-nous les discussions menées par de nombreux penseurs à propos de la duplication des objets et des images, leur réutilisation incessante perdant peu à peu leur signification première, leur teneur créative pour muter vers de simples signaux mécaniques. D'un autre côté, ces expressions nécessaires et multiples peuvent positivement contribuer à esquisser un nouveau modèle, « *une nouvelle appartenance* » dans le processus de mondialisation, et d'une façon moins heureuse contribuer à renforcer « *la tension entre migration et citoyenneté, l'exacerbation des stratégies identitaires, le renforcement des tendances préexistantes à la xénophobie.* » (Armand Mattelart, 2005)

Les modalités de figuration contemporaine (prélevées de notre échantillon), toutefois, se lient aux processus de recherches identitaires, mais également cherchent à s'en démarquer. Les démarches interdisciplinaires ambitieuses, raffinées et le propos brut des émeutes, par exemple, créent des tensions intéressantes entre classes cultivées et populaires, relance le débat (miné) de la laïcité, et expose une vision sensible du monde. Le bouc émissaire, cette entité compacte, se mue en une figure de résistance élaborée. La force des artistes d'origine immigrée consiste dans le fait d'avoir su s'approprier des outils à la mode pour cerner les grandes questions de l'identité, leur vraisemblance et leur outrance, ce qu'elles oblitèrent. De dépasser les clivages de la discrimination, du moins, en panser les blessures. Les artistes, grâce à leurs réalisations, transgressent les interdits pour construire de nouvelles valeurs de coopération artistique. Ainsi, une catégorie ethnoculturelle reprend à son compte le langage de l'art contemporain (l'ellipse, le dépouillement, le gigantisme) pour parler du prolétariat, de l'exploitation et de l'exclusion. Un danger persiste sans doute, celui de la mésinterprétation de ces données, une dérive vers la banalisation, telle la capture d'écran qui dépersonnalise le sujet et la communication et les place au niveau d'une information lambda. Dans un contexte de repli identitaire et sécuritaire, souhaitons que ces travaux plastiques conservent leur exemplarité. Là, réside leur autonomie et leur courage, dans les images de familles où seulement la parole est le vecteur de mémoire, et où le culte de l'objet ne prédomine pas. Les bricolages, les collages de ces artistes/auteurs viennent remédier aux réticences de leurs parents à exprimer les douleurs, les épreuves de leur survie.

Conclusion

Au cours de cette analyse, nous nous sommes centrés sur la signification des travaux d'artistes (souvent célèbres), nés de parents immigrés, leurs parcours et leurs modes d'expressions, afin d'y repérer des constances thématiques autour du sujet des identités, de l'immigration et de la ségrégation. Les expositions sont censées véhiculer, lors d'un itinéraire précis, l'image, le son et l'écrit. Au sein d'une abondance de propositions et d'arrangements esthétiques, la relation à « la vie d'avant », celle de la famille émigrée et de ses aléas, différencie les œuvres des plasticiens d'origine musulmane (les plus nombreux de notre échantillon d'étude). La référence à une communauté déracinée chez chacun des artistes cités est implicite ou/et explicitée d'emblée dans les différents supports utilisés ; en tout cas la dénonciation des injustices y est la plus prégnante. Certes, le champ de la création plasticienne contemporaine est assez confidentiel et étroit, et en raison des formations et de leurs influences dans les écoles d'art occidentales, les œuvres présentées n'ont pas forcément la vocation à être des vecteurs dédiés à la résolution de problématiques identitaires, économiques, sociales et existentielles. Pourtant, la refonte de référents forts de départ, familiaux et ethniques, paramètres accolés à une technologie de pointe (la vidéo et l'informatique), inspire les artistes qui mêlent à leurs créations des traditions propres au pays d'origine de leurs parents, le pays mythique, espèce de rempart élevé contre les rejets. (Peut-être est-ce en cela le rôle de l'art, un dérivatif de qualité entre un monde rêvé et la démarcation des iniquités et des préjudices sociétaux…).

Les images projetées englobent partiellement la mémoire de communautés arabes, berbères et africaines, en bâtissent un socle commun, même si les artistes pratiquent la politique du détournement – d'où la résultante de visions hybrides. La fréquentation des expositions et l'usage des visites commentées restent nécessaires pour libérer la parole et traiter de l'histoire récente, aussi bien que de l'histoire de la colonisation, établir l'échange et un dialogue participatif. Au risque de provoquer des conflits de mémoire, il semble indispensable de rendre une visibilité aux souffrances des travailleurs immigrés, des exilés (les Pieds-noirs), des harkis spoliés et oubliés, des victimes des guerres fratricides. La parole débloquée demeure un levier contre les discriminations, les dédramatise, et à ce propos, les artistes de la diversité insistent sur l'indigence des groupes humains à la marge – les immigrés ne se trouvant au centre du jeu social. Nonobstant, les organisateurs culturels intègrent vite les propositions transgressives de leur pouvoir, et une vigilance s'impose afin que les œuvres originales ne tombent pas dans ce que soulignait de façon prédictive Sohn-Rethel, « *la course à la possession qu'est* (…) *l'échange marchand [*qui clive], *oppose les gens les uns aux autres comme des étrangers.* »

Si nous émettions un doute quant aux productions artistiques, l'inconvénient majeur serait celui de s'enliser dans des tics de représentation, de reprises de thèmes consensuels pouvant masquer, gommer, les intentions originales des artistes. Ne minimisons pas l'existence des discriminations, sachant que ces dernières sont toujours latentes, parfois inconscientes, amenant à une invisibilisation. Pour le cas de l'art contemporain, une catégorie générique de l'art, les artistes plasticiens de la diversité se trouvent en porte-à-faux dans une situation paradoxale. Natifs de groupements discriminés, montrés comme tels, ils sont des espèces de modèles de laboratoire, des spécimens prélevés à ce titre pour une expérimentation formatrice. Depuis cette assignation, leur rôle consiste donc à apporter des preuves afin de discerner les signes visibles de l'identité, et non la vraie personnalité des auteurs ou des individus de la communauté, mais des stigmates seulement. À cet égard, les pouvoirs culturels n'érigent-ils pas une démarcation, une sous-catégorie de créateurs en lisière, une classe d'individus rangés dans des cases façonnant des sujets de nature identique ? Nous revoilà rattrapés par la controverse et la querelle de la nature contre la civilisation, le noyau dur de la conception du sauvage et de l'homme civilisé. Le retournement symbolique se fait en boucle, et l'on passe de la discrimination à la désinhibition, au risque d'une désintégration des identités.

Bibliographie

Althusser L. (2006), *Les dossiers de penser*, Le temps des cerises.

Baker C. (1985), *Insoumission à l'école obligatoire*, Bernard Barrault.

Bencharif L. (2007), *Mémoire(s) plurielle(s)/Cinéma et images : lieux de mémoire ?*, Créaphis, p. 38.

Blanchard P. (2007), *Mémoire(s) plurielle(s)*, *op. cit.*, pp. 21-22.

Bouamama S. (2013), « Les Beurs, acte III », *Le Monde*.

Bourdieu P., Wacquant L. (mars 2000), « La nouvelle vulgate planétaire », *Le Monde diplomatique*, p. 6.

Catalogue du Centre Pompidou (exposition du 25 mai 2005 au 8 août 2005), *Africa Remix*.

Djian J.-M. (2005), *Politique culturelle : la fin d'un mythe*, Gallimard, p. 23.

Guénif N. (2013), « Les Beurs, acte III », *Le Monde*.

Leveau R. (2013), « Les beurs dans la cité », *Vingtième siècle*.

Majastre J.-O. (2010), *La culture en archipel/Pratiques culturelles et mode de vie chez les jeunes en situation d'apprentissage précaire*, L'Harmattan, coll. Logiques sociales.

Mattelart A. (2005), *Diversité culturelle et mondialisation*, La Découverte, p. 97.

Noiriel G. (2004), *Gens d'ici venus d'ailleurs. La France de l'immigration de 1900 à nos jours*, Éditions du Chêne.

Petit P., Mangin O. (2004), *L'artiste et le politique – éloge de la scène dans la société des écrans*, Textuel, coll. Conversations pour demain.

Pluchon P. (1984), *Nègres et Juifs au XVIIIe siècle. Le racisme au siècle des Lumières*, Tallandier.

Santelli E. (2013), « Les Beurs, acte III », *Le Monde*.

Sohn-Rethel A. (2010), *La pensée-marchandise*, Éditions du Croquant, pp. 41, 126, 127, 129.

Tournier P.-V. (2013), *La prison, une nécessité pour la République*, Buchet-Chastel.

Vaudray P. (2006), *La décolonisation du tableau*, Éditions du Seuil.

RECENSIONS

Laurence Corroy-Labardens et Sophie Jenel(2017), *Stéréotypes, discriminations et éducation aux médias*, L'Harmattan, 257 p.

Dès son avant-propos, l'objectif de l'ouvrage est annoncé, pragmatique : « *construire des projets éducatifs luttant contre la montée des discours discriminatoires* ». Le constat d'un monde bouleversé par la mondialisation, la radicalisation de discours politiques, ainsi que l'évolution des droits humains, conduit à conscientiser le rôle du traitement médiatique des faits de société et des populations, notamment dites minoritaires. La formation à l'esprit critique, la lutte contre les discours discriminatoires et xénophobes, apparaissent dès lors au cœur d'une éducation aux médias qui concerne toute la société civile, et pas seulement le microcosme scolaire.

1. Diversité de la recherche, Recherche de la diversité

Pour ce faire, les deux directrices de cette publication, Laurence Corroy et Sophie Jehel, toutes deux chercheuses en Sciences de l'Information et de la Communication, reconnues dans leur champ pour leur contribution engagée aux réflexions sur l'éducation aux médias, ont rassemblé pas moins de 26 contributions.

Elles nous proposent ainsi un ouvrage à plusieurs voix où s'expriment diversité des acteurs et des focales, puisque la parole y est donnée tant à des journalistes, des enseignants, des collectifs associatifs qu'à d'autres universitaires. De cela, on ne peut que se réjouir. Non seulement parce que l'objet est dès lors traité selon une grande variété de dimensions et de points de vue, ce qui constitue une richesse évidente. Mais on se satisfait aussi de cette publication, soutenue par le laboratoire CEMTI – Paris 8 et l'Université Sorbonne Nouvelle – Paris 3, qui propose dans une perspective horizontale le dialogue entre des mondes trop souvent distingués, tels que celui de la recherche dite universitaire et celui des acteurs de l'éducation dite non formelle. Voilà ici symbolisée la conception d'une recherche pour l'action, attentive aux enjeux d'une société en mouvement, et qui se soucie d'irriguer celle-ci de manière effective.

2. Déconstruire, Documenter, Dépasser

Concrètement, on pourrait résumer en une formule triptyque la démarche perceptible à travers l'ensemble de ces publications : Déconstruire, Documenter, Dépasser. Parcourons l'ouvrage, de manière volontairement non linéaire et exhaustive, à travers quelques focales, comme autant d'invitations à lire précautionneusement chaque texte.

Déconstruire... et mettre à jour des logiques de production de discours vus à la fois comme relais de diffusion de stéréotypes et de discriminations que comme expression d'un pouvoir de domination. Cela passe par l'analyse des discours, choix des mots et d'énonciation, qui, s'ils sont des procédés au cœur de toute activité de communication, apparaissent mis au service d'une essentialisation des identités et d'une forme de propagande outrancière. On pourra ainsi plonger au cœur des stratégies de communication du Bloc Identitaire à destination de la jeunesse dans une étude passionnante menée par Étienne Pingaud, qui révèlent les intrications entre propositions d'activités sportives et culturelles, et mise en place d'un plan de communication rodé, séduisant pour les jeunes esprits, basé sur une récupération de symboles au service d'une idéologie conservatrice et xénophobe.

Documenter... des pratiques et des modes d'action pour faire des médias des instruments non de soumission, mais d'émancipation, à la fois politique et culturelle. C'est notamment ce que permettent le code de déontologie de la Fédération internationale des journalistes, accordant une place à la lutte contre les discriminations dans la déontologie journalistique, ou encore le kit publié par l'association des journalistes LGBT : il s'agit finalement de faire prendre conscience aussi aux producteurs de discours eux-mêmes, des procédés de stigmatisation ou d'invisibilisation qui concourent à la production d'information discriminante.

Dépasser… les constats, les analyses, et la dénonciation, pour militer de manière constructive et résolument ouverte en faveur d'une éducation aux médias. C'est exactement ce que reflète le programme « e-Engagement Against Violence », présenté de manière réflexive tout à fait intéressante, par Sophie Jehel et Christophe Magis. Le projet s'est traduit par la mise en œuvre dans des classes de séquences pédagogiques visant à sensibiliser les jeunes aux discours discriminatoires. Une éducation aux médias qui vise à la fois à dénaturaliser les médias, mais aussi à doter du pouvoir de produire soi-même, favorisant développement de la citoyenneté et dynamisme de la démocratie et de l'interculturalité, comme le précise si bien Laurence Corroy.

3. Quels lecteurs ?

Par son hétérogénéité, l'ouvrage s'adresse à des lecteurs multiples, tous intéressés bien sûr par la compréhension, et la dénonciation constructive, des discours discriminatoires et du rôle des médias dans la production et diffusion de ces discours.

Les chercheurs et étudiants y trouveront matière à réflexion tant épistémologique que pragmatique. On soulignera le souci, particulièrement appréciable, de chaque auteur scientifique à préciser dans sa contribution le cadre théorique dans lequel il déploie son travail de recherche, ainsi que la méthodologie employée pour conduire l'investigation. Les références sont nombreuses tout en étant précisément exploitées, permettant d'approfondir encore le questionnement et de se constituer une véritable culture sur l'objet appréhendé. Sur le plan théorique, l'on peut toutefois ressentir une certaine frustration à la lecture de l'ouvrage. En effet, le choix de qualifier d'emblée l'entrée par les stéréotypes est un parti pris, certes militant et incontestablement compréhensible, mais qui est susceptible de nuire à la saisie des processus implicites voire inconscients de production de discriminations. En ce sens, une explicitation de l'emploi de ce concept, notamment au regard de celui de représentations (sociales et collectives) eut été bienvenue, et sans aucun doute salutaire. La publication s'inscrit, nous semble-t-il, dans la lignée des approches par les médiacultures (Maigret, Macé, 2005), et les liens avec les travaux de chercheurs en Sciences de l'information et de la Communication tels que Maxime Cervulle[1] et Nelly Quemener[2], notamment à travers le rapport pouvoir/culture, apparaissent prégnants pour le familier scientifique de ces objets. Par sa solidité théorique et ses éclairages diversifiés, l'ouvrage intègre tout à fait la littérature scientifique participant au débat sur les rapports sociaux, notamment de genre, de classe et de race, dans l'espace public (Dalibert, Lamy, Quemener, 2016, 2017).

Les enseignants et acteurs de l'éducation non formelle seront tout à fait touchés par cette publication accessible, qui propose une alternance entre articles scientifiques et encadrés favorisant des focalisations sur des actions conduites par des collectifs associatifs ou des exemples de discriminations illustrés par des statistiques récentes. Autant d'éléments qui peuvent être des encouragements à l'intégration de ces problématiques dans les actions d'enseignement et de formation.

Pour conclure, on pourrait reprocher l'éclectisme des focales et des points de vue qui confèrent à l'ouvrage un aspect mosaïque. Nous ne le ferons pas. Au contraire, il nous semble que ce foisonnement hétéroclite contribue à mettre en lumière la complexité, tant scientifique, sociale et politique, de cette thématique dont il est urgent de se saisir de manière pragmatique, sans angélisme ni diabolisation excessifs.

---

[1] On peut notamment citer le travail de mise en lumière des conceptions blanches de la culture effectué par Maxime Cervulle. À travers le concept de « *blanchité* », le chercheur interroge « *la question blanche* », et avec elle dénonce les déclinaisons politiques, sociales, et culturelles, à travers les médias, d'une « *hégémonie blanche* » (Cervulle, 2013).

[2] La chercheuse interroge notamment la représentation des minorités dans les médias grand public. À travers son ouvrage issu de sa thèse de doctorat, *Le pouvoir de l'humour*, elle montre combien l'humour est utilisé comme une arme par les catégories minoritaires, et devient un moyen de lutte contre les hégémonies culturelles dominantes (Quemener, 2014).

Références bibliographiques

Cervulle M. (2013), *Dans le blanc des yeux : Diversité, racisme et médias*, Éditions Amsterdam.

Dalibert M., Lamy A., Quemener N. (dir.) (2016), « Circulation et qualification des discours. Conflictualités dans les espaces publics » (1), *Études de communication*, n° 47.

Dalibert M., Lamy A., Quemener N. (dir.) (2017), « Rapports sociaux et hégémonie. Conflictualités dans les espaces publics » (2), *Études de communication*, n° 48.

Maigret É., Macé É. (dir.) (2005), *Penser les médiacultures : nouvelles pratiques et nouvelles approches de la représentation du monde*, Armand Colin-INA.

Quemener N. (2014), *Le pouvoir de l'humour : Politiques des représentations dans les médias en France*, Armand Colin.

Anne Cordier
Maîtresse de conférences en Sciences de l'Information et de la Communication
ESPÉ-Université de Rouen Normandie
UMR CNRS 6590 ESO – Espaces et Sociétés

Viviane Albenga (2017), *S'émanciper par la lecture. Genre, classe et usages sociaux des livres*, Presses Universitaires de Rennes, 175 p.

« *S'émancipe-t-on par la lecture des limitations imposées par son appartenance sociale et sexuée ?* » – voici la question posée par Viviane Albenga dans cet ouvrage qui constitue une pierre angulaire pour la sociologie de la lecture. L'importance de ce livre est en effet double : d'une part, il apporte un éclairage sur les publics encore peu étudiés que sont les « gros » lecteurs et lectrices et sur les publics difficiles à cerner des « classes moyennes » ; d'autre part, le travail présenté ici relève un pari théorique de taille en réconciliant la sociologie bourdieusienne[1] avec les analyses en termes de genre grâce aux apports de la recherche anglo-saxonne[2]. Héritière d'une sociologie de la lecture qui met bien en évidence la « souplesse » des manières de faire et de penser pendant l'acte de lecture en y voyant des occasions de rejouer, sans pour autant les défaire, les rapports de domination de classe et de genre[3], Viviane Albenga mobilise les concepts de « *capital symbolique* » genré et de « *trajectoire de genre*[4] » pour mettre en évidence « *une possible émancipation sous contraintes* »

[1] Voir notamment Bourdieu P. (1979), *La Distinction. Critique sociale du jugement*, Les Éditions de Minuit ; Passeron J.-C. et Bourdieu P. (1964), *Les Héritiers. Les étudiants et la culture*, Les Éditions de Minuit.

[2] Les travaux de Toril Moi et Beverley Skeggs servent de socle théorique : Moi T. (1991), « Appropriating Bourdieu : Feminist Theory and Pierre Bourdieu's Sociology of Culture », *New Literary History*, n° 22, pp. 1019-1047 ; Adkins L. et Skeggs B. (2004), *Feminism after Bourdieu*, Blackwell Publishing/The Sociological Review.

[3] Voir entre autres Mauger G., Poliak C. et Pudal B. (2010), *Histoires de lecteurs*, Éditions du Croquant ; Collovald A.et Neveu É. (2013), *Lire le noir. Enquête sur les lecteurs de récits policiers*, Presses Universitaires de Rennes.

[4] Les trajectoires de genre sont définies comme « *le parcours d'adhésion ou de distanciation à l'égard des normes de genre en vigueur de manière transversale dans la société étudiée ou dans la classe sociale d'origine* » (p. 23).

(p. 20). Cette analyse fine des processus d'émancipation est réalisée à travers l'étude de cas de quatre cercles de lecture auxquels participent les « *grands lecteurs et lectrices* ». L'auteure a effectué deux ans et demi d'observation participante dans ces cercles, qui organisent des lectures à voix haute ou des trocs d'ouvrages, et a réalisé quarante deux entretiens avec leurs membres.

La première partie décrit les « *contraintes* » sociales et sexuées auxquelles les lecteurs et lectrices de l'enquête sont soumis. Un premier chapitre rend compte des discours et des croyances des enquêté.e.s sur la lecture, et de leur influence sur les conditions d'enquête. Dans ce contexte de travail auprès des grands lecteurs et lectrices, l'enquêtrice se retrouve en effet « *en situation d'examen culturel* » (p. 29), et doit « *jou[er] le jeu* » (p. 32) et « *faire [s]es preuves* » (p. 33). Cela suppose de prendre au sérieux les idéologies des enquêté.e.s et les enjeux que cristallise pour eux la lecture, qui serait en premier lieu vecteur d'autonomie. Viviane Albenga met ainsi en évidence l'importance d'un « *souci de soi*[5] » par la lecture et explicite les techniques par lesquelles les grands lecteurs et lectrices s'occupent d'eux-mêmes en lisant et en écrivant, et mobilisent expériences et souvenirs personnels. La participation aux cercles de lecture induit aussi un enjeu de classement des autres et de soi-même et la recherche d'une légitimation par l'affirmation de compétences culturelles, notamment à travers la lecture publique à haute voix. Les entretiens menés font aussi ressortir un fort enjeu de narration de soi, qui se caractérise par une naturalisation des pratiques et des parcours de lecture (« *j'ai toujours aimé lire* »).

Pour dépasser l'obstacle dressé par ces discours, croyances et idéologies lectorales, le deuxième chapitre s'intéresse aux « *manières d'agir et de penser* » – les dispositions –et à la façon dont elles ont été développées au cours des socialisations : comment devient-on grand lecteur ou grande lectrice ? Les transmissions familiales jouent ici un rôle majeur, et la présence de livres au domicile, les pratiques de lecture des proches et les injonctions parentales sont des indicateurs

---

[5] Le concept, pris tant au sens de prendre soin de soi que de travailler sur soi, est emprunté à Michel Foucault (1984, *Histoire de la sexualité, t. III : Le souci de soi*, Gallimard).

forts d'une socialisation à la lecture. Le goût pour cette dernière se transmet souvent de façon sexuée, de pères (ou oncles) à fils et de mères à filles. Après cette première socialisation familiale, l'école joue un rôle ambivalent en « *détourn[ant] temporairement du plaisir de lire* » (p. 66) par une contrainte forte, tout en renforçant l'idée que la lecture est un mode de salut individuel. À l'âge adulte, trajectoire de lecture et trajectoire réelle ont une relative autonomie, et s'imbriquent différemment pour les hommes et les femmes. Les parcours féminins sont davantage discontinus, des événements comme la maternité venant bouleverser le rythme et la nature des lectures (les mères lisent d'abord moins, et ensuite plus d'ouvrages de développement personnel), mais tous ces grands lecteurs et lectrices ont une trajectoire « *d'ascension sociale "accidentée"* » dans laquelle la lecture joue un rôle de « *réaffiliation sociale par l'acquisition d'un capital culturel* » (p. 61). Lire beaucoup et participer à l'entre-soi des cercles permet ainsi de se repositionner au sein de sa famille ou au sein de sa classe sociale.

La deuxième partie est consacrée aux « *frontières de genre* » et aux « *frontières de classe* » dans les pratiques lectorales, et interroge les« *enjeux de pouvoir à l'œuvre entre lecteurs et lectrices* » (p. 70). En reprenant à Toril Moi l'idée que le genre est une forme de capital symbolique, Viviane Albenga met au jour les « *effets symboliques* » variables de la féminité et de la masculinité sur la légitimité littéraire au sein des différents cercles. Le genre féminin y est souvent stigmatisé, alors que le genre masculin y est constitué comme un capital symbolique positif. Ainsi, dans l'un des groupes les plus féminisés, les participantes craignent que la sur-représentation des femmes n'occasionne un appauvrissement des œuvres abordées (pas assez de romans policiers ou d'essais), et ce sont tant les lectrices que les auteures qui pâtissent du stigmate. Dans un autre groupe, au contraire, ce stigmate est beaucoup moins présent, car effacé par la supériorité du capital littéraire légitime des participantes, souvent des littéraires professionnelles, qui se donne à voir lors des lectures à haute voix. Le genre masculin, lui, est toujours vecteur d'un capital positif qui se constitue lorsque les hommes des cercles s'approprient certains genres littéraires ou thèmes (humour, violence et érotisme en particulier) et « *réaffirment leur appartenance à un genre viril dominant* » (p. 79) en ramenant constamment les participantes à leur sexe et à des lectures « féminines » qui leur semblent sans intérêt.

L'ouvrage s'intéresse ensuite aux transgressions des frontières de genre et de classe que permet l'identification à des figures littéraires, personnages ou auteur.e.s. Avec Hans Robert Jauss[6], Viviane Albenga distingue trois types d'identifications chez ses enquêté·es : l'identification *admirative* envers des « *héros meilleurs que nous* » (p. 91) qui est surtout le fait des hommes, l'identification *sympathique* (« ils sont comme nous ») des lecteurs et lectrices à des figures transfuges de classe et de genre qui leur servent de « *miroir* » (p. 96) et l'identification *cathartique* par laquelle on se met à la place d'un personnage qui souffre pour se dégager de ses propres tourments. Cette dernière forme d'identification s'attache ici à des figures exclusivement féminines et transgressives, et permet « *à la fois d'élargir le champ des possibles (...) et de limiter son exploration réelle* » (p. 101) : les héroïnes placées dans des situations extrêmes font finalement office de contre-modèles. Si ces mobilités par identification sont davantage féminines, lecteurs comme lectrices s'émancipent aussi à travers une « *lecture d'évasion* » qui rompt avec le quotidien. Mobilités comme transgressions restent cependant symboliques et sont rarement réalisées en pratique. Le champ des possibles s'en retrouve élargi, mais pas forcément investi.

La troisième et dernière partie interroge cette ambivalence en mobilisant le concept de trajectoires de genre, saisies ici comme « *des tentatives de négocier l'hétérosexualité normative* » (p. 110) qui se combinent avec les parcours de vie professionnels et personnels (mise en couple, deuil, vieillissement, etc.). Les lectrices de classes moyennes légitiment grâce à leurs lectures des transgressions partielles aux normes de féminité, notamment en assumant le célibat, sans pour autant que ces normes soient subverties ou complètement rejetées. L'étude des trajectoires met aussi en évidence un clivage net entre hommes et femmes lorsqu'elle s'intéresse au passage de la lecture à l'écriture : les lecteurs s'autorisent à « *s'ériger en auteurs* » (p. 117) bien plus que les lectrices. Ces dernières peuvent adopter une autre posture pour valoriser leurs pratiques de lecture en devenant des

---

[6] Jauss H. R. (1978), *Pour une esthétique de la réception*, Gallimard.

prescriptrices. En tant que bibliothécaires, médiatrices culturelles ou professionnelles du livre, certaines des femmes interrogées mettent en œuvre une stratégie de mobilité sociale fondée sur leurs lectures, mais qui passe par un renforcement des frontières symboliques de classe et une distinction vis-à-vis des femmes des classes populaires ; « *en ce sens, la domination de genre n'est pas ébranlée dans ses fondements* » (p. 139).

S'émanciper par la lecture est un ouvrage important pour la sociologie de la culture, et n'a que les petits défauts de ses grandes qualités : la finesse de l'analyse et la prise en compte de divers niveaux de domination et d'émancipation interdisent les conclusions tranchées, et les lecteurs et lectrices sont prévenus dès la préface du « *flou*[7] » qu'impose l'exposé de phénomènes singuliers et complexes. Ce travail a le mérite de tenir ensemble des pratiques en apparence contradictoires de transgression et de maintien dans la domination sociale et genrée sans jamais renoncer à leur donner du sens.

Clémence Perronnet

Doctorant, Centre Max Weber, ENS Lyon

---

[7] « *Flou* » est le terme utilisé par Janice Radway, source bibliographique centrale de ce livre, pour décrire et expliciter les résultats de son enquête sociologique sur les lectrices de roman sentimentaux (2000), « Lectures "à l'eau de rose". Femmes, patriarcat et littérature populaire », *Politix*, vol. 13, pp. 163-177).

APPELS À ARTICLES

7ᴱ APPEL À ARTICLES

LANGUES ET DISCRIMINATIONS

SOUS LA DIRECTION DE PIERREESCUDÉ

Pour ce septième appel à articles, la revue *Les Cahiers de la LCD*– Lutte Contre les Discriminations –[1] a décidé de s'intéresser aux langues, sous l'angle des « discriminations linguistiques ». Sujet d'actualité depuis un an : la loi de modernisation de la justice de novembre 2016 a opéré un changement sur l'article 225 du Code pénal. Si la plupart des textes juridiques internationaux interdisent depuis plusieurs années les discriminations basées sur des critères linguistiques (au même titre que toutes les autres discriminations), la loi française s'est donc saisie tardivement de cette question. Il est désormais interdit de discriminer un individu sur la base de critères linguistiques. Pour la première fois en France, il est en effet établi comme discriminatoire « *toute distinction entre les personnes morales sur le fondement [...] de la capacité à s'exprimer dans une langue autre que le français* » ; à savoir la langue étrangère et/ou langue régionale.

Dans ce contexte médiatique et juridique, quels sont les enjeux et les conséquences, tant individuels que collectifs d'une telle reconnaissance (C. Taylor, 2004) dans les champs scolaires, juridiques ou bien encore celui de l'emploi ? La variété et la diversité des langues en un même espace civique, légal, scolaire, politique, social est-elle un obstacle ou un fondement nécessaire à son identité ? Les langues sont-elles discriminées en tant que langues (et selon quelle raison politique, scientifique, idéologique ?), ou bien sont-ce les locuteurs de ces langues qui sont discriminés (et pour quelles raisons) ?

Qu'il s'agisse de la péjoration des langues et accents régionaux – on pense pour la France à Pierre Bourdieu qui cachait son accent béarnais en arrivant à Paris, à Jacques Derrida qui se mit à détester la poésie de René Char quand il l'eût entendue prononcée par son auteur, et bien

[1] http://www.lescahiersdelalcd.com/

sûr à la longue histoire des textes scolaires qui effacent de la réalité des enseignements et des transmissions de savoir la réalité des langues des élèves -, de la maîtrise ou de la non-maîtrise de langues étrangères, de la stigmatisation de langues ou de codes maîtrisés ou de celles/ceux qui les portent (accents « provinciaux » et de la « France d'outre-mer », jeunes allophones, jeunes issus de quartiers populaires et/ou des banlieues, etc.), la question des discriminations selon le langage est ici posée. Quels sont ses rapports avec les idéologies linguistiques et avec les représentations sociales (la norme – la langue « sans accent » - fut longtemps opposée aux marges géographiques – les provinces, les colonies - ; elle peut l'être aujourd'hui sur d'autres marges d'une autre géographie mentale : les banlieues, les jeunes, les immigrés) ? Comment et pourquoi ces représentations évoluent-elles ?

Cette discrimination linguistique s'appuie donc non seulement sur des façons de parler une langue, mais aussi sur le fait de parler d'autres langues que la langue attendue, imposée, survalorisée – et d'une certaine façon, d'être bilingue ou plurilingue, quand la norme serait de pratiquer une et une seule langue normée, qui est celle des pouvoirs. Mais ce modèle national strict (monolinguisme d'une langue hypernormée, modèle longtemps transmis par l'École) est-il de nos jours encore d'actualité ? À quoi sont dus les changements menant à une reconnaissance de la diversité, de la variété et en quoi ces changements peuvent-ils impliquer des bouleversements dans les représentations et les pratiques, et plus précisément dans le cadre scolaire, des renouvellements d'ordre cognitif ?

Si l'on raisonne de façon comparative, il sera intéressant d'interroger ce qui a freiné ou encouragé l'éclosion du critère de « *discrimination linguistique* » et récemment encore du terme de « *glottophobie* » (Blanchet 2016) dans les textes juridiques nationaux comme internationaux. Dans une même perspective, nous questionnerons le rôle des associations, et des mouvements sociaux qui portent ces revendications, à la fois locales et transnationales. Aussi, il sera attendu de questionner les limites mêmes des termes de la loi : que recouvre-t-elle, qui oublie-t-elle ? (Potriquet, Huck et Truchot, 2016)

Si l'on raisonne en termes de privilèges et de stigmates, il sera tout aussi pertinent de se pencher sur ce que sont les effets d'un langage non attendu sur les personnes en parcours scolaire et recherchant un emploi par exemple. Dans le cadre scolaire : le passage du concept (et des pratiques ?) d'*intégration* à *inclusion* a-t-il une réalité autre que rhétorique ? Sans limiter les contextes, les discriminations linguistiques pourront tout aussi bien toucher les espaces de santé, les espaces carcéraux ou ceux de l'animation…

Enfin, si l'on raisonne en termes intersectionnels, le présent numéro portera également une attention sur ce qui lie ou différencie les discriminations linguistico-culturelles et discriminations sociales, les discriminations liées au langage et leurs répercussions sur les différentes populations concernées (qu'il s'agisse de comparer les catégories d'âge, de sexe, les catégories professionnelles, les répartitions géographiques dans le paysage urbain ou national, en divisions entre centre/s et périphérie/s).

Par ailleurs, si la langue rassemble et unit (permet la communication, l'intercompréhension mutuelle, l'identification d'une communauté, d'une nation, d'un groupe social, etc.) le propre de la langue n'est-il pas *aussi* de *discriminer* au sens d'identifier à part, de séparer – Saussure parle de « deux forces [qui] agissent sans cesse simultanément et en sens contraire » que sont « l'esprit particulariste » et la « force d'intercourse » ? En ce sens, toute discrimination n'est-elle que nocive, négative, stigmatisante ou n'est-elle pas de fait un élément de l'identité (du fait d'appartenir à du même) ? Aussi, en quoi une réappropriation du sens et des enjeux des langues ne pourrait-elle pas réaménager un ordre politique dans nos sociétés : vivre et faire ensemble tout en étant aussi distincts ?

Références

Blanchet P. (2016), *Discriminations : combattre la glottophobie*, Textuel.

CosteD. (sous la direction de) (2013), *Les langues au cœur de l'éducation. Principes, pratiques, propositions*, EME.

De MauroT.et CamilleriA. (2017), *La langue bat où la dent fait mal*, Lambert-Lucas.

De MauroT. et GISCEL, *Diecitesi per l'educazionelinguisticademocratica,*

KlinkenbergJ.-M. (2001), *La langue et le citoyen*, PUF.

LapierreJ.-W. (1988), *Le pouvoir politique et les langues*, PUF.

Potriquet G., Huck D., TruchotC.(2016), *« Droits linguistiques » et « droit à la langue ». Identification d'un objet d'étude et construction d'une approche.* Actes du colloque international de Strasbourg 25-26 septembre 2014, Lambert-Lucas.

Style des propositions à contributions attendu :

• Les propositions d'articles sont attendues avant le 23 février 2018.

• Les propositions devront comprendre :
- L'article complet (30 000 environ)
- Une présentation de(s) auteur.e.s -2,3 publications et affiliations
- Un résumé en français (10 lignes)

• Les normes de mise en page sont disponibles à l'adresse suivante : http://www. lescahiersdelalcd.com/appel-a-articles/appel-a-articles-permanent/

Dates limites d'envoi et conditions :

• L'ensemble des articles soumis à expertise devront être envoyés à l'adresse suivante avant le 23 février 2018 : cahiers.cd@gmail.com
• Les articles feront l'objet d'une double expertise
• Les auteur.e.s seront informé.e.s de la recevabilité de leur proposition, ou de la correction et types de corrections le 23 mars.
• Les articles retenus devront être envoyés modifiés, avant le 23 avril 2018.

La publication de ce numéro sur « Langues et discriminations » est prévue en juin 2018.

Normes de la rédaction

• Les notes de bas de page ne renvoient pas aux références bibliographiques, mais permettent d'indiquer des éléments n'apparaissant pas dans le texte.
• Les références s'écrivent dans le texte (NOM, Date) : si plusieurs références d'un même auteur renvoient à la même date, merci d'accoler à cette dernière une lettre (a, b, c) que l'on retrouvera en bibliographie.
• Pour les livres : Nom Initiale du prénom. (date), *Titre du livre*, édition, collection, date.
• Pour les articles : Nom Initiale du prénom. (date), « Titre de l'article », *Nom de la revue*, numéro, volume, pagination (ex : pp. 10-20).
• Pour un chapitre de livre : Nom Initiale du prénom. (date), « Titre de l'article », in *Titre du livre* (Nom de / de la dir., Initiale du prénom, dir.), éditeur, coll., pagination (ex : pp. 10-20).
• Pour les articles électroniques, merci de compléter vos références par : Disponible sur : lien. Consulté le : Jour/Mois/Année
• Les citations (textes ou entretiens) sont proposées en « *italique* ».
• Chaque auteur.e soulignera 2-3 phrases importantes de son texte afin que ces dernières puissent être mises en exergue lors de la mise en page.
• Les illustrations utilisées doivent être libre de droits (ou fournies avec un accord d'utilisation). Les graphiques et illustrations sont numérotés et comprennent titre et légende.

Sociologie et questions de société aux éditions L'Harmattan

Dernières parutions

BIO : OÙ EN SOMMES-NOUS ?
Santé - éthique - environnement
Blériot Céline - Préface de Marie-Monique Robin
L'auteur mène l'enquête sur les bienfaits réels du bio. Elle a commencé par étudier l'évolution du monde agricole et de nos assiettes avec l'arrivée de la mécanisation et de la chimie. Observant d'importants dangers sanitaires et environnementaux, elle a découvert un label AB pour deux bios aux concepts quelque peu… différents. Elle a cherché à savoir pourquoi ces bios étant meilleurs à de nombreux points de vue, ils ne remplacent toujours pas l'agriculture dite conventionnelle. Après analyse de nos comportements et de notre société de consommation, elle met en lumière un jeu d'acteurs aux intérêts divergents voire très préoccupants, fort révélateur d'une cohabitation entre le développement et le durable.
(Coll. Perspectives organisationnelles, 19.00 euros, 178 p.)
ISBN : 978-2-343-12259-5, ISBN EBOOK : 978-2-14-004196-9

UN MODÈLE FRANÇAIS NOUVEAU ?
Charlin Jacques
Des paramètres nouveaux, scientifiques, sociétaux, économiques et écologiques ont vu le jour au tournant du millénaire et sont de plus en plus présents. Ils devraient nourrir la réflexion politique sur le temps long. Ce travail est-il fait ? À quoi pourrait ressembler notre pays dans son organisation sociale au milieu du siècle ? Cet ouvrage ouvre quelques pistes de réflexion sur l'organisation sociétale nouvelle qu'il faut tenter d'imaginer.
(Coll. Questions contemporaines, 24.00 euros, 236 p.)
ISBN : 978-2-343-12267-0, ISBN EBOOK : 978-2-14-004364-2

SÉCURITÉ INTÉRIEURE : Enjeux et perspectives
Durand Franck - Sous la direction de Franck Durand
Deux disciplines sont apparues de façon concomitante à la fin du dix-neuvième siècle : la psychanalyse et la criminologie, qui toutes deux s'efforcent d'expliquer le comportement criminel afin de le prévenir. Puis, passant du niveau individuel au niveau collectif, la réflexion porte sur les risques sociaux et sociétaux constituant de nouvelles menaces contemporaines, questionnant l'origine et les formes de la violence. Face à celles-ci, les pouvoirs publics s'emploient à développer une politique de prévention de la délinquance.
(Coll. Droit de la sécurité et de la défense, 19.00 euros, 180 p.)
ISBN : 978-2-343-12253-3, ISBN EBOOK : 978-2-14-004142-6

LE POLITIQUE PAR L'IMAGE
Iconographie politique et sciences sociales
Sous la direction de Christine Pina et Éric Savarese
Qu'est-ce que les images peuvent nous apprendre sur le politique ? Tandis qu'historiens, sociologues et anthropologues considèrent depuis longtemps les documents iconographiques

comme de véritables matériaux empiriques, il n'existe pas de véritable « tradition » d'analyse de l'image en science politique. Cet ouvrage collectif constitue ainsi une invitation à investiguer le politique à partir des images. Car les tracts, les affiches ou les photographies constituent des traces de la diversité des pratiques et des représentations du politique, mais également des supports utilisables pour réaliser des entretiens de recherche.
(Coll. Logiques politiques, 30.00 euros, 300 p.)
ISBN : 978-2-343-12509-1, ISBN EBOOK : 978-2-14-004103-7

JEUX ET CULTURE DE LA RENAISSANCE
L'album d'estampes de Nicolas Prévost
Parlebas Pierre
Les 36 Figures de Nicolas Prévost mettent en scène les pratiques ludiques du XVIe siècle telles qu'elles se déployaient dans leur milieu habituel. On observe l'importance accordée au corps, le degré de violence accepté, le rôle non négligeable de la participation féminine, le niveau technologique des instruments utilisés, le rapport aux animaux. Mettant en spectacle le phénomène éminemment social du jeu, ces images vivantes soulignent comment la Renaissance vit une période de transformation qui affecte notamment les rapports avec le monde matériel et les rapports entre les personnes.
(Coll. Mouvements des Savoirs, 18.50 euros, 162 p.)
ISBN : 978-2-343-12513-8, ISBN EBOOK : 978-2-14-004184-6

LE DROIT DE NE PAS AIMER
Le droit de ne pas aimer : les racines du sextrémisme
Junker Ida
Que serait la femme sans amour ? Romans, films, médias... L'amour est inculqué aux fillettes dès leur plus jeune âge, et conditionne leurs comportements jusqu'à devenir une forme d'aliénation : une «burqa transparente» (selon Belinda Cannone). Là où elle est censée incarner la douceur, la maternité ou la séduction, une femme qui décide d'en finir avec cette surenchère affective doit se montrer suffisamment forte pour résister au discours culpabilisant. Le «sextrémisme» proclamé par les Femen apparaît alors comme un moyen de transcender la condition féminine.
(Coll. Sexualité humaine, 14.00 euros, 120 p.)
ISBN : 978-2-343-10649-6, ISBN EBOOK : 978-2-14-004354-3

LE TRAVAIL, ENTRE PUBLIC, PRIVÉ ET INTIME
Comparaisons et enjeux internationaux du *care*
Coordonné par Aurélie Damamme, Helena Hirata et Pascale Molinier
De quoi la crise du care est-elle le nom ? De la crise des solidarités familiales ? De celle de l'État-providence ou encore du travail gratuit des femmes ? La perspective du *care* déplace les frontières entre le privé et le public, l'intime et le politique, la théorie et l'empirie. Cet ouvrage restitue l'effervescence actuelle des recherches sur le care. Il propose un regard pluriel, à partir d'enquêtes empiriques, sur le travail du *care* au Japon, au Brésil, en France, aux États-Unis, en Colombie, au Liban et en Argentine.
(Coll. Logiques sociales, 25.50 euros, 254 p.)
ISBN : 978-2-343-11672-3, ISBN EBOOK : 978-2-14-004336-9

LA LAÏCITÉ À L'ÉPREUVE DES IDENTITÉS
Enjeux professionnels et pédagogiques dans le champ éducatif et social
Sous la direction de Manuel Boucher
Dans un contexte de remise en cause de la laïcité de la part d'anti-mouvements culturels et politico-religieux, les éducateurs et pédagogues sont questionnés : doivent-ils réaffirmer la laïcité associée au modèle d'intégration républicain ou bien le réinventer en fonction de nouvelles réalités sociodémographiques et politiques ? Cet ouvrage tente de développer les capacités de réflexion et d'action des professionnels du champ social et éducatif, acteurs clés de l'émancipation laïque.
(Coll. Recherche et transformation sociale, 25.50 euros, 242 p.)
ISBN : 978-2-343-12641-8, ISBN EBOOK : 978-2-14-004282-9

LAÏCITÉ, ÉMANCIPATION ET TRAVAIL SOCIAL
Sous la direction de Guylain Chevrier
La laïcité, indissociable d'une liberté intime, se construit toujours dans un cadre collectif. Cette liberté, aucun professionnel de l'action éducative et sociale ne peut se dispenser de la penser. Peut-on grandir, évoluer et s'émanciper sans que soit garantie la liberté de conscience ? Sur cette question, l'ambition de cet ouvrage est double : convoquer la réflexion au sujet de la laïcité comme principe émancipateur, et fournir des outils à tout professionnel ou cadre du travail social désireux de penser sa pratique.
(Coll. Les Ecrits de BUC Ressources, 28.00 euros, 270 p.)
ISBN : 978-2-343-12358-5, ISBN EBOOK : 978-2-14-004107-5

VIEILLISSEMENT, VULNÉRABILITÉ ET ANIMATION SOCIALE
Sous la direction de Nicolas Combalbert et Sophie Rothé
Cet ouvrage collectif s'adresse principalement aux travailleurs sociaux, notamment aux animateurs sociaux et socioculturels, qui évoluent auprès de personnes âgées. Il traite du vieillissement normal et pathologique et plus particulièrement des personnes âgées en situation de perte d'autonomie ou de dépendance. Il vise à aider les acteurs de terrain, à ajuster leurs posture et pratique professionnelles, à interroger les limites de leur action dans un cadre institutionnel.
(Coll. Logiques sociales, 27.50 euros, 272 p.)
ISBN : 978-2-343-12561-9, ISBN EBOOK : 978-2-14-004214-0

POLITIQUES DE LA VIE
La Nature au prisme du social
Seguin Thomas
La définition de la nature de la vie, ainsi que de sa physionomie, est, en quelque sorte, l'objet même du politique et de sa décision. Si une société sait comprendre et respecter la vie en elle-même, elle saura établir un rapport compréhensif et équilibré avec les entités naturelles. La vie prise ainsi dans sa saisie intégrale induit l'élaboration d'une physique sociale qui pense les conditions de l'harmonie sociale ainsi que celles d'une société vivante.
(Coll. Logiques sociales, 22.50 euros, 222 p.)
ISBN : 978-2-343-11728-7, ISBN EBOOK : 978-2-14-004083-2

EMMANUEL MACRON... ET LES AUTRES
Les gagnants et les perdants d'une élection imprévisible
Saison 2
Pierrat Ghyslaine
Cet essai décrypte les figures politiques contemporaines au prisme de leur enfance : leurs atouts, leurs handicaps, et dévoile leurs secrets. Macron, Hulot, Juppé, Baroin, Bayrou, Hollande, Sarkozy, Hamon, Mélenchon, NKM, Fillon, Le Pen, Hidalgo, Valls, Le Maire, Taubira et tant d'autres, tous vous captiveront ! L'auteur prend également position sur la fonction modernisée du président, sa nouvelle présidentialité, le statut nécessaire de la Première dame de France. Elle conceptualise la notion de double médiatique et alerte sur ses dangers. Elle transmet aussi les valeurs à sauvegarder.
(22.00 euros, 350 p.)
ISBN : 978-2-343-12468-1, ISBN EBOOK : 978-2-14-004031-3

2016
Un, deux, trois, votez !
Leconte Jean-Pierre - Emef - Jipéhel
Une nouvelle fois, « La Plume » et « Le Crayon » ont décidé de se réunir pour commenter à leur façon, avec humour et une parfaite mauvaise foi, l'actualité politique de la France et du monde de l'année 2016, une année avant tout électorale. Entre les régionales, cantonales, européennes, les primaires de la droite, le référendum en Grande-Bretagne, les présidentielles aux États-Unis... il y avait du grain à moudre (multiples illustrations en couleur).
(31.00 euros, 278 p)
ISBN : 978-2-343-11325-8, ISBN EBOOK : 978-2-14-004024-5

À QUI LE POUVOIR ?

Ouvrage collectif sous la direction de Claude De Vos – Hommage à Jean-William Lapierre

La question de l'État est plus que jamais d'actualité. Les anciennes sociétés colonisées ont le plus grand mal à fonder des États stables et aptes à résister aux tensions et déchirements que suscitent leurs divisions ethniques, linguistiques ou religieuses. Les États constitués se trouvent quant à eux confrontés à la globalisation qui conduit à l'homogénéisation des modes de penser. Alors, dans l'état de crise économique, sociale et morale dans lequel vit aujourd'hui une grande partie de l'humanité, la politique et la démocratie ont-elles encore un avenir ?

(Coll. Des Hauts et Débats, 31.00 euros, 304 p.)

ISBN : 978-2-343-11950-2, ISBN EBOOK : 978-2-14-003878-5

LES AFFRES DE LA PHILANTHROPIE

Essai sur l'imaginaire, la dignité et la bêtise dans le monde globalisé

Nke Fridolin

Voici une exégèse critique du vécu historique nègre présentée à travers deux entrées privilégiées : l'humanitaire et la pitié. Tels sont les fondamentaux de l'humanisme abstrait contemporain, qui consiste à mystifier les autres acteurs de la scène internationale, en les asservissant par le recours à la force, en aveuglant leur intelligence. Le bilan humain est fort éloquent, ainsi qu'en témoignent les massacres perpétrés en Irak, en Côte d'Ivoire, en Libye, en Syrie...

(Coll. Émergences africaines, 22.50 euros, 224 p.)

ISBN : 978-2-343-12242-7, ISBN EBOOK : 978-2-14-003956-0

HISTOIRE ET CRITIQUE DU SYSTÈME CAPITALISTE-REPRÉSENTATIF

(Volume 1) Contre le capitalisme représentatif, la démocratie directe salariale

Toulouse Jean-Michel

Cet ouvrage, présenté en deux volumes, a pour ambition de montrer que les formes représentatives de la vie politique n'épuisent pas la capacité démocratique des peuples et que ceux-ci peuvent mettre en œuvre une démocratie citoyenne directe. Ce premier volume comprend une partie historique qui présente un certain nombre d'expériences vécues (de la démocratie athénienne des Ve et IVe siècles avant J.-C. jusqu'à la Commune de Paris de 1871), et une partie juridique qui expose les fondements du droit constitutionnel classique.

(Coll. Questions contemporaines, 39.00 euros, 414 p.)

ISBN : 978-2-343-11888-8, ISBN EBOOK : 978-2-14-003969-0

DÉMOCRATIE DIRECTE CITOYENNE : VERS UN NOUVEAU PARADIGME ?

(Volume 2) Contre le capitalisme représentatif, la démocratie directe salariale

Toulouse Jean-Michel

Ce second volume traite de la théorie générale de l'État, et sa critique « marxienne », des partis politiques, ces « enfants illégitimes » du système représentatif et du suffrage universel, et de la démocratie directe qu'il faut distinguer de la démocratie « participative », dernier avatar du dessaisissement des peuples. Enfin, il aborde la question de l'entreprise, dernier refuge de la monarchie aristocratique, et des Conseils, instruments politiques de la démocratie directe.

(Coll. Questions contemporaines, 39.00 euros, 416 p.)

ISBN : 978-2-343-11924-3, ISBN EBOOK : 978-2-14-004037-5

L'HARMATTAN ITALIA
Via Degli Artisti 15; 10124 Torino
harmattan.italia@gmail.com

L'HARMATTAN HONGRIE
Könyvesbolt ; Kossuth L. u. 14-16
1053 Budapest

L'HARMATTAN KINSHASA
185, avenue Nyangwe
Commune de Lingwala
Kinshasa, R.D. Congo
(00243) 998697603 ou (00243) 999229662

L'HARMATTAN CONGO
67, av. E. P. Lumumba
Bât. – Congo Pharmacie (Bib. Nat.)
BP2874 Brazzaville
harmattan.congo@yahoo.fr

L'HARMATTAN GUINÉE
Almamya Rue KA 028, en face
du restaurant Le Cèdre
OKB agency BP 3470 Conakry
(00224) 657 20 85 08 / 664 28 91 96
harmattanguinee@yahoo.fr

L'HARMATTAN MALI
Rue 73, Porte 536, Niamakoro,
Cité Unicef, Bamako
Tél. 00 (223) 20205724 / +(223) 76378082
poudiougopaul@yahoo.fr
pp.harmattan@gmail.com

L'HARMATTAN CAMEROUN
TSINGA/FECAFOOT
BP 11486 Yaoundé
699198028/675441949
harmattancam@yahoo.com

L'HARMATTAN CÔTE D'IVOIRE
Résidence Karl / cité des arts
Abidjan-Cocody 03 BP 1588 Abidjan 03
(00225) 05 77 87 31
etien_nda@yahoo.fr

L'HARMATTAN BURKINA
Penou Achille Some
Ouagadougou
(+226) 70 26 88 27

L'HARMATTAN SÉNÉGAL
10 VDN en face Mermoz, après le pont de Fann
BP 45034 Dakar Fann
33 825 98 58 / 33 860 9858
senharmattan@gmail.com / senlibraire@gmail.com
www.harmattansenegal.com

www.ingramcontent.com/pod-product-compliance
Lightning Source LLC
LaVergne TN
LVHW010929061026
849535LV00007B/2307